RUSSIE

RUSSIE

PHOTOS AGNÈS BOUTTEVILLE ET AGENCE ASK-IMAGES
TEXTES CATHERINE ZERDOUN

chêne

4

LES FASTES DE L'EMPIRE

7

« Par la Grâce de Dieu, Nous, Alexandre Second, Empereur et Autocrate de toutes les Russies, de Moscou, Kiew, Wladimir, Novgorod, Tsar de Casan, Tsar d'Astrakhan, Tsar de Pologne, Tsar de Sibérie, Tsar de la Chersonèse Taurique, Tsar de la Géorgie, Seigneur de Plescow et Grand Duc de Smolensk, de Lithuanie, Volhynie, Podolie et de Finlande ; Duc d'Estonie, de Livonie, de Courlande et Sémigalle, de Samogitie, Bialostock, Carélie, Twer, Jugorie, Perm, Viatka, Bolgarie et d'autres ; Seigneur et Grand Duc de Novgorod-inférieur, de Czernigow, Riasan, Polotzk, Rostow, Jaroslaw, Béloosersk, Oudor, Obdor, Condie, Witebsk, Mstislaw, Dominateur de toute la contrée du Nord ; Seigneur d'Ibérie, de la Cartalinie, de la Cabardie et de la province d'Arménie ; Prince héréditaire et Souverain des Princes de Circassie et d'autres Princes montagnards, Successeur de Norvège, Duc de Schleswig-Holstein, de Stormarn, de Dithmarsen et d'Oldenbourg, *et caetera* [sic], décidons que... »

Quoi qu'il ait décidé, un tel homme ne pouvait être qu'obéi. Son petit-fils Nicolas II, le dernier empereur, n'est pas moins puissant. Il règne sur le plus grand pays du monde, un immense territoire qui s'étend de la Pologne au Pacifique, de la Finlande aux confins de l'Inde, un espace où cohabitent plus de cent nationalités – Baltes blonds, Tatars descendants des Mongols de la Horde d'Or, nomades Evenks qui parlent une langue mandchoue… –, soit quelque 125 millions d'âmes. Il est l'héritier d'une histoire qui a pris un véritable tournant avec le couronnement d'Ivan IV le Terrible, premier tsar de Russie, en 1547, et s'est poursuivie avec l'établissement de la dynastie des Romanov, ses ancêtres. Sa cour et ses palais n'ont rien à envier à ceux des plus grandes monarchies de son temps. Son aïeul Pierre le Grand (1672-1725) s'est employé à faire sortir la Russie du Moyen Âge pour l'élever au rang d'une nation européenne. Inlassablement, il a parcouru l'Europe pour retenir ce qu'elle pouvait offrir de meilleur. Urbanistes, architectes, paysagistes, ingénieurs ont été recrutés en France, en Italie, en Allemagne, en Écosse pour participer à la construction de Saint-Pétersbourg, la nouvelle capitale bâtie de toutes pièces en bordure du golfe de Finlande. Compositeurs, musiciens, maîtres

« L'idée que ces pierres n'ont rien de commun
avec le présent et encore moins avec le futur
procure une étrange consolation. »

Joseph Brodsky

de ballet, acteurs, modistes et couturiers, cuisiniers
et gouvernantes ont suivi pour donner le vernis
nécessaire à la nouvelle « bonne société ».
Les modèles ne tarderont pas à être dépassés.

Lorsqu'il fait bâtir, dans les environs
de Saint-Pétersbourg, Petrodvorets (Peterhof),
sa première résidence d'été, Pierre le Grand a en tête
le château de Versailles qu'il a visité quelques années
auparavant et qui l'a fortement impressionné.
Il fait d'ailleurs appel à des Français pour réaliser
les jeux d'eau du domaine. Quatre cascades,
cent quarante-quatre fontaines et des kilomètres
de tuyaux plus loin, le résultat est formidable.
En 2003, un responsable des Eaux de Versailles
visitant les installations avouait : « Ils nous ont
copiés… Ils ont fait mieux que nous ! » On pourrait
multiplier les exemples à l'envi. À quelques
kilomètres de là, une autre résidence d'été a eu elle
aussi pour vocation d'éclipser Versailles : le palais
impérial de Tsarskoïe Selo possède une façade
théâtrale, surchargée d'ornements – sculptures,
pilastres, colonnes, atlantes musclés, autrefois
dorés à l'or fin. Rien n'était trop beau ! Dans
une inévitable émulation, les quelque deux mille
familles princières de l'Empire ont tenté de suivre.
Les Ioussoupov étaient, paraît-il, plus riches
que le tsar. Leur palais du quai de la Moïka,
à Saint-Pétersbourg, parle pour eux. À tel point

que les bolcheviks l'ont converti entre 1918 et 1922
en un musée destiné à montrer au peuple
ce qu'était la vie de l'aristocratie d'avant la Révolution.
Une visite édifiante, hier comme aujourd'hui.

Depuis le XVIIIe siècle, les Romanov ont vécu et se
sont presque tous fait enterrer à Saint-Pétersbourg,
cette capitale bien isolée du reste de leur Empire.
Installés dans le vaste palais d'Hiver, ils sont
cependant toujours venus chercher leur légitimité
à Moscou, capitale historique, en se faisant
couronner dans la cathédrale de l'Assomption,
à l'abri des murs de briques rouges crénelés du
Kremlin, selon un rite immuable.

Dans la Russie contemporaine, tout le monde
n'a pas la même idée de l'incarnation des fastes
perdus de l'Empire. En son temps, Pierre le Grand
avait entraîné le pays sur la voie d'un développement
à l'occidentale, la seule possible à ces yeux.
Aujourd'hui, le *revival* impérial fait plutôt appel
à l'imagerie traditionnelle qu'il a rejetée : caftans
et chemises brodées, architecture « fleurie »
et bulbes colorés. Boyards contre barons, *kokochniki*
contre crinolines : la voie slave en quelque sorte.

C'est un mariage d'amour. Nicolas Alexandrovitch, futur tsar de Russie, et la princesse Alix s'aiment profondément lorsqu'ils unissent leurs destins en 1894, l'année même où le jeune homme monte sur le trône. Ils forment une famille heureuse avec leurs cinq enfants : les grandes-duchesses Olga, Tatiana, Maria, Anastasia, et le tsarévitch Alexis, un garçon atteint d'hémophilie, véritable drame dans ce tableau idyllique. Le tsar, dont l'histoire aura retenu qu'il s'intéressait plus à sa vie privée et à la chasse qu'aux affaires du pays, connaîtra avec les siens une fin tragique : tous seront exécutés en 1918 par les bolcheviques. Les derniers Romanov sont aujourd'hui considérés comme des martyrs.

DOUBLE PAGE PRÉCÉDENTE
Le palais d'Hiver, aujourd'hui siège du musée de l'Ermitage, Saint-Pétersbourg.
À GAUCHE
Les derniers souverains de Russie :
Nicolas II (1868-1918) et son épouse
Alexandra Fedorovna (1872-1918),
née princesse Alix de Hesse-Darmstadt.
À DROITE
Vue de Saint-Pétersbourg depuis
la coupole de la cathédrale Saint-Isaac,
avec, au premier plan, l'Amirauté ;
sur la droite, le palais d'Hiver ;
au deuxième plan sur la gauche,
la cathédrale Saint-Pierre-et-Saint-Paul.

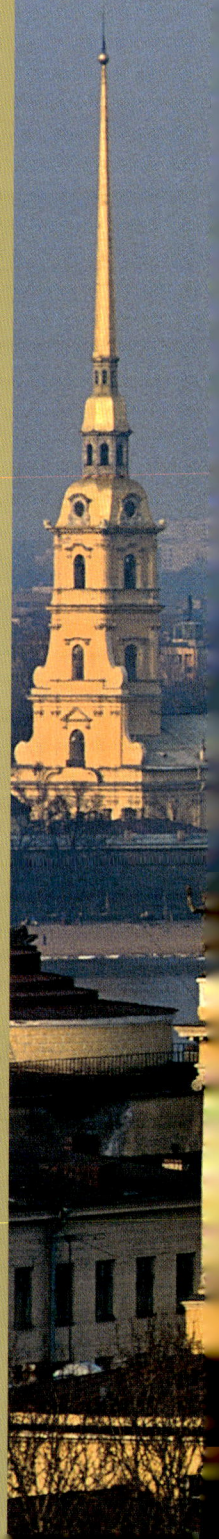

14

La Russie leur doit beaucoup. Érigé en 1818, le monument qui leur rend hommage l'admet volontiers : « Au citoyen Minine et au prince Pojarski, la Russie reconnaissante. » Les deux héros qui, en 1612, prennent la tête d'une armée populaire levée à Iaroslavl afin de libérer Moscou de l'envahisseur polonais ont permis au pays de sortir d'une période mouvementée de son histoire, justement baptisée le « Temps des troubles ». Comme il n'existait aucune représentation des deux personnages, le sculpteur Martos leur donna les traits d'hommes courageux et volontaires, ce qu'ils étaient indiscutablement. Ils trônent toujours sur la place Rouge, à deux pas du Kremlin, siège du pouvoir russe.

À GAUCHE
Palais et cathédrales à l'abri des murailles du Kremlin, Moscou.
À DROITE
Le monument à Minine et Pojarski et la cathédrale Basile-le-Bienheureux : deux constructions qui se dressent sur la place Rouge, Moscou.

ГРАЖДАНИНУ МИНИНУ И КНЯЗЮ ПОЖАРСКОМУ
БЛАГОДАРНАЯ РОССІЯ. ЛѢТА 1818

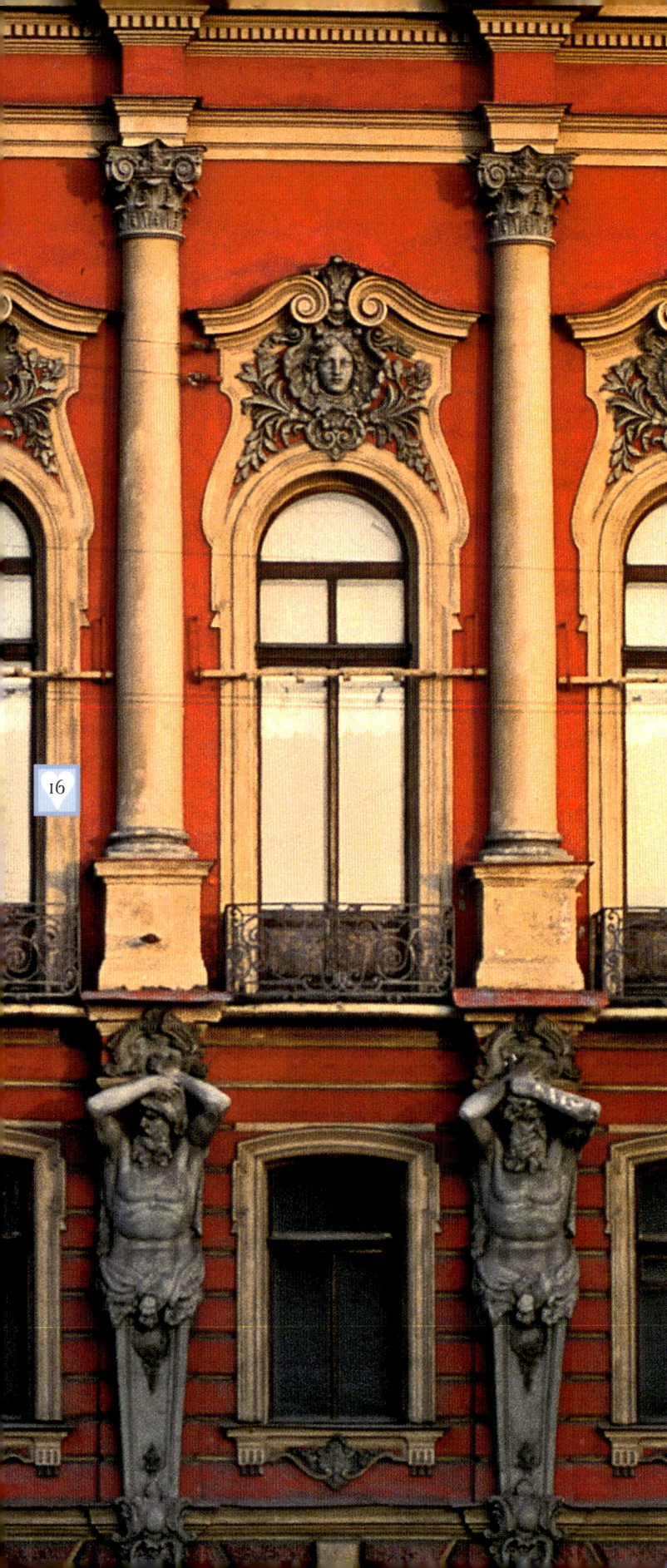

Les visiteurs européens
s'accordent à trouver
un côté « familier »
à Saint-Pétersbourg.
Ils ne sentent pas dépaysés
face à ces canaux qui évoquent
Venise ou Amsterdam,
ces palais qui rappellent
leurs homologues baroques
de Vienne ou de Berlin,
ces églises qui leur font
penser à leurs lieux de culte.
De fait, les architectes
de la première époque sont
tous venus d'Europe pour
offrir à la cité qui sortait
de terre l'allure que désirait
lui donner son fondateur.
Pourtant, on retrouve
des touches uniques dans
le paysage pétersbourgeois :
palais baroques, mais
de couleurs vives pour mieux
ressortir sur fond de neige ;
églises classiques, mais ornées
de pierres semi-précieuses
de l'Oural et de statues
de saints russes.

Porte d'entrée
de la Sibérie, Tioumen
servit de base arrière
lors de la conquête russe
de cette vaste région pleine
de promesses, dont les
ressources semblaient
illimitées. Les cosaques
du Don, conduits par leur
chef Iermak, furent parmi
les premiers à pénétrer
cet immense territoire
dans les années 1580, pour
le compte du tsar. Moins
d'un siècle plus tard,
les Russes atteignaient
la côte pacifique, marquant
le début de la colonisation.
Elle ne devait se développer
réellement qu'au cours
du XIXe siècle, favorisée par
l'abolition du servage (1861)
et la construction de la ligne
du Transsibérien, qui
atteignit Vladivostok en 1903.

À GAUCHE
Le plafond décoré de la salle d'attente
de la gare de Vladivostok, terminus
du Transsibérien.
À DROITE
Des descendants de cosaques en
uniforme, Tioumen, Sibérie occidentale.

« Le Kremlin, cette citadelle où les empereurs de Russie
se sont défendus contre les Tatares, est entouré
d'une haute muraille crénelée et flanquée de tourelles qui,
par leurs formes bizarres, rappellent plutôt un minaret
de Turquie qu'une forteresse comme la plupart
de celles d'Occident. Mais quoique le caractère extérieur
des édifices de la ville soit oriental, l'impression du christianisme
se retrouvait dans cette multitude d'églises si vénérées
qui attiraient le regard à chaque pas. On se rappelait Rome
en voyant Moscou : non assurément que les monuments
y fussent du même style, mais parce que le mélange de la campagne
solitaire et des palais magnifiques, de la grandeur de la ville
et le nombre infini des temples, donnent à la Rome asiatique
quelques rapports avec la Rome européenne... »

Germaine de Staël, *Dix Années d'exil*

ГОСУДАРСТВЕННАЯ ТРЕТЬЯКОВСКАЯ ГАЛЕРЕЯ
Лаврушинский пер., 1

Серия ВВ ...ОДНОЙ БИЛЕТ № ...27352

Цена 600...

АЛЕКСЕЙ МАКСИМОВИЧ П...
1868—1936
НАХОДИЛСЯ В ЗАКЛЮЧЕНИИ
В КАМЕРАХ № 60 И № 39
С 12 ЯНВАРЯ ПО 12 ФЕВРАЛЯ 1905 года.

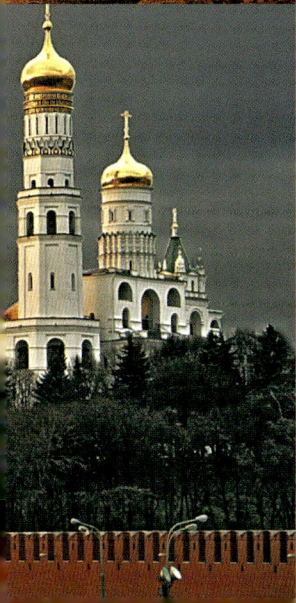

À la veille de la Révolution, la Russie offre un visage très contrasté. Cinquième puissance industrielle mondiale, deuxième producteur de pétrole, le plus grand pays du monde possède une croissance démographique dynamique et des grandes villes en pleine expansion. Pourtant, plus de 85 % de la population vit en milieu rural, où la terre est gérée collectivement de façon archaïque. La société demeure figée, dominée par un souverain autocrate qui s'appuie sur une Église dont il est le chef, sur l'armée la plus nombreuse d'Europe, sur une noblesse attachée à ses privilèges, sur une bureaucratie pléthorique et une police omniprésente. La révolte gronde.

C'est le métal des rois et des empereurs, l'incarnation de la lumière solaire et de toute la symbolique qui lui est associée : domination, rayonnement, richesse, puissance, lumière et connaissance, mais aussi amour et don. L'or est évidemment omniprésent dans les résidences des tsars et des grands personnages de l'Empire. En Russie, il a aussi une autre vertu : remplacer un peu l'astre des astres lorsque règnent les ténèbres d'un long hiver.

À GAUCHE
L'escalier d'honneur du Grand Palais, domaine de Peterhof, environs de Saint-Pétersbourg.

À DROITE
Un atlante soutenant la façade du palais de Catherine, domaine de Tsarskoïe Selo, environs de Saint-Pétersbourg. Le palais de Catherine et la chapelle royale, domaine de Tsarskoïe Selo, environs de Saint-Pétersbourg.

« Il se disait : à cette place
Une ville va se dresser
Comme une menace vivante
À qui voudrait nous abaisser,
La nature doit nous permettre
D'ici percer une fenêtre
Sur l'Europe [...].
À présent, au rivage austère
Se dressent des palais, des tours ;
De tous les pays de la terre
Les vaisseaux viennent tous les jours.
Des ponts ont enjambé les ondes
Coulant dans les quais de granit ;
De riants jardins ont garni
Les îles – verdures profondes –
Et Moscou perd de son éclat,
Veuve royale, elle s'incline
Devant la nouvelle tsarine,
La capitale que voilà... »

Alexandre Pouchkine, *Le Cavalier d'airain*

À DROITE
La Grande Cascade et le canal vus depuis la terrasse du Grand Palais, domaine de Peterhof, environs de Saint-Pétersbourg.

Jardins à la française contre parcs à l'anglaise. Le duel s'est poursuivi jusqu'en Russie, où l'on a décidé qu'on y aimerait les deux. Question de lieux et d'époque. Les premiers ornent les constructions du XVIIIe siècle. On y retrouve toute la rigueur et la volonté de maîtrise de l'espace qui correspondent si bien à l'esprit de Pierre le Grand. Les seconds, s'ils apparaissent en Angleterre dès le XVIIIe siècle, conquièrent le reste de l'Europe au siècle suivant. Avec leurs allées sinueuses, leurs clairières et leurs bosquets, leurs « folies » et leurs plans d'eau irréguliers, ils composent un royaume où les enchevêtrements savamment organisés incitent à la rêverie. Un trait de caractère somme toute assez russe.

PAYS DE NEIGE

Poupées gigognes et caviar, balalaïka et danse classique… quand on pense à la Russie, on pense aussi au froid et à l'hiver. Plus ou moins longue selon les endroits, plus ou moins rigoureuse aussi, la saison n'a rien à voir avec ce que les Occidentaux appellent hiver. *Zima* : l'hiver russe est spécial. Il a façonné l'aspect des maisons et les mentalités, les corps et les caractères. Sous ces latitudes, les intersaisons sont courtes et l'hiver arrive sans prévenir. Les pluies de l'automne sont de plus en plus froides et pénétrantes. Un jour, elles sont mêlées de neige. La semaine suivante, ou presque, tout est blanc. L'hiver s'est installé pour environ six mois.

Dans les artères principales des grandes villes, le ballet des déblayeuses commence tôt le matin. Le sel déversé sur la chaussée crée une mixture dans laquelle les piétons ne peuvent éviter de mettre leurs pieds lourdement chaussés. Ils marchent lentement, sachant qu'il leur faut économiser leurs forces, mais d'un pas régulier parce qu'ils sont néanmoins pressés de se mettre à l'abri. Rien ne sert de s'agiter, de se disperser. L'impression de chaleur qui suit un effort ne dure pas. Et puis, qui peut bouger à son aise quand il a sur le dos autant de couches de vêtements ? Dans la foule, impossible de distinguer une tête découverte. C'est un véritable défilé de couvre-chefs. Artisanaux : bonnets en laine tricotés par une grand-mère ; élégants : chapeaux de feutre ou toques de fourrure ; traditionnels et efficaces : *ouchanki*, avec leurs oreilles et leur visière rabattables. Dans les domaines impériaux des environs de Saint-Pétersbourg, les statues les plus précieuses ont également revêtu leur tenue hivernale : un coffrage de bois blanc qui les protégera jusqu'à la belle saison. Dans les allées du jardin d'Été, l'ambiance est à la récréation : les enfants courent et font des batailles de boules de neige. Mais les journées sont courtes.

C'est surtout le week-end que les citadins profitent des « joies de l'hiver ». Randonnées en ski de fond, patinage sur un lac gelé ou une piste installée dans un endroit stratégique. Longues promenades dans les parcs. La neige camoufle autant qu'elle révèle et celui qui regarde le sol avec un peu d'attention sait que le froid n'a pas suspendu toute vie : ici les empreintes d'un lapin, là les pas d'un renard, partout les marques géométriques des petites pattes des oiseaux à la recherche d'une hypothétique pitance… À la maison, un bol réconfortant de lait bouillant attend les petits, un thé ou un vin chaud, les plus grands. Dans les appartements, il fait bon à l'abri des doubles, voire triples rangées de fenêtres. À l'intérieur, on pose toujours des plantes vertes sur leur rebord. Dans bien des maisons, le chat fait de cet endroit généralement situé au-dessus d'un radiateur sa place de prédilection.

« Lorsque j'étais petite, raconte Irina, j'adorais l'hiver. Tous mes camarades aussi. » Elle décrit le bonheur de jouer dans la neige comme sur une plage de sable. « Ça, c'était le bonheur des week-ends d'hiver. Le bonheur des semaines d'hiver, poursuit-elle, c'était d'observer le thermomètre. S'il atteignait – 30 °C, on était dispensé d'aller à l'école ! Cela arrivait régulièrement. » Oui, il fait parfois si froid que toute la vie semble prise dans le givre. Mais cela ne dure pas. Qui pourrait

mener une vie entre parenthèses de si longues semaines ? Sur la Neva glacée que l'on traverse à pied d'une rive à l'autre, les pêcheurs ont installé leur tabouret pliant. À l'abri sous un petit igloo de plastique, les amateurs de « pêche blanche », comme on l'appelle, ont fait un trou dans la glace avec leur vrille. Les premiers poissons arrivent rapidement, attirés par cet appel d'air inattendu. Plus loin, sous les remparts de la forteresse Pierre-et-Paul, c'est l'heure des morses, les *morji*. Corps massif, peau épaisse ? La comparaison s'arrête là. Les mammifères marins du grand fleuve ne poussent pas de cris rauques et ils ne possèdent pas deux longues canines qui évoquent des défenses d'éléphant. Immanquablement coiffés d'un bonnet de caoutchouc — tous les Russes savent bien que c'est par la tête que l'on prend froid —, ces morses-là sont vêtus de maillots de bain vieillots. Ils ont pour la plupart au moins 65 ans et expliquent qu'ils doivent leur bonne santé à cette saine habitude : nager, quelle que soit la saison ! Un proverbe russe ne dit-il pas : « Au royaume de l'espoir, il n'y a pas d'hiver » ?

Épaisse fourrure ou vêtements superposés : qui résiste le mieux au froid ? Pour les humains, une règle de base : se couvrir la tête, et plutôt deux fois qu'une. Ne pas oublier les extrémités. Choisir de préférence des moufles car, en dépit de leur caractère peu pratique, ces gants conservent mieux la chaleur : les doigts se tiennent chaud les uns les autres. Le cas échéant : porter des vêtements en fourrure… Des articles qui ont encore de beaux jours devant eux dans un pays où il fait très froid et où les militants de la cause animale sont minoritaires.

DOUBLE PAGE PRÉCÉDENTE
Grues du Japon, Sibérie orientale.
À GAUCHE
Des loups, réserve naturelle, république de Kabardino-Balkarie, Caucase central.
À DROITE
Une petite fille dans les rues de Saint-Pétersbourg.

Les fleuves de Sibérie
sont des géants
que l'hiver paralyse
jusqu'à 240 jours par an.
Aucun d'entre eux
n'y échappe. L'embâcle
s'effectue en plusieurs
étapes : de tels cours d'eau
ne gèlent pas de façon
uniforme et les premières
glaces disparaissent souvent
à la faveur d'un redoux.
Des blocs de glace sont alors
charriés au fil de l'eau, puis
bloqués dans les endroits
les moins profonds.
Le gel réattaque ensuite.
De nouveaux blocs de glace
viennent alors s'ajouter
de façon désordonnée
aux précédents. Bientôt
les températures se stabilisent.
Tout est figé jusqu'à la débâcle
printanière.

À GAUCHE
Des lynx, réserve naturelle, république
de Karbadino-Balkarie, Caucase central.
À DROITE
La vallée du Khemchik, un tributaire
de l'Ienisseï, république de Touva,
Sibérie orientale.

« Et partout cette blancheur,
aveuglante, immaculée, absolue.
Une blancheur qui attire. Mais si l'on se laisse séduire par elle,
si l'on se laisse prendre par son piège
et que l'on s'enfonce dans ses profondeurs, on périt.
Cette blancheur détruit tous ceux qui tentent de l'approcher,
de percer son mystère. Elle les précipite
de ses hauteurs montagneuses, elle les abandonne, gelés,
dans les plaines enneigées. »

Ryszard Kapuscinski, *Imperium*

Les animaux aussi se préparent à affronter l'hiver. Certains arborent un pelage plus abondant, d'autres se couvrent d'une fourrure blanche qui leur permettra de se faire discrets dans la neige. D'autres encore mettent leur horloge interne au repos pour hiberner, parfois par phases. C'est le cas, par exemple, de la plupart des rongeurs – marmottes, écureuils, hérissons… Leur sommeil reste cependant sensible : un bruit trop violent, une baisse de température trop brutale dans leur terrier peut suffire à interrompre cette parenthèse hors du temps.

À GAUCHE
Un échantillon de la faune du Caucase central…
Femelle sanglier et ses petits.
Raton laveur.
Chèvres du Caucase.
Tamia de Sibérie.
Dessin sur céramique, Ukraine, XIXᵉ siècle.
Rongeur.
À DROITE
Écureuil.
Chat sauvage.
Cerfs sika.

« Pour la route, Tynèmlen avait passé une chemise
en fourrure de veau, les poils en dedans. On n'y transpirait
jamais et, pour la nettoyer, il suffisait tout simplement
de la retourner et de l'étendre au gel quelque heures durant.
Ses caleçons aussi étaient cousus de la même fourrure
et lui moulaient convenablement les jambes. Sa koukhlianka
se présentait comme une ample tunique qui lui descendait
jusqu'au bas des genoux. Elle avait été taillée dans une peau
de neblioüi, un renne saigné à l'automne. Quant aux pantalons,
on les confectionnait le plus souvent avec du kamous,
la fourrure des pattes de renne. En cas de temps humide,
on avait avec soi un pantalon cousu dans la peau d'un nerpa
tué au printemps. On se chaussait avec d'infinies précautions,
en commençant par des mi-bas faits avec un poil de renne
bien fourni… »

Youri Rytkhèou, *La Bible tchouktche ou Le Dernier Chaman d'Ouelen*

218

L'hiver paralyse
certaines activités…
et en permet d'autres.
Les cours d'eau gelés
deviennent des terrains
de promenade inattendus
et il est même possible
de faire quelques pas sur
la mer, le temps de parcourir
une bonne dizaine de mètres,
parfois plus selon les endroits
et les années. Les frontières
à l'intérieur des villes
se trouvent modifiées.
Plusieurs semaines durant,
les fleuves pris par les glaces
se laissent franchir par
des marcheurs que l'on
ne peut même pas qualifier
d'intrépides, et percer
par des pêcheurs que l'on
peut certainement qualifier
d'endurants.

À GAUCHE
Le port d'Anadyr, sur la mer de Béring,
district autonome des Tchouktches,
Sibérie orientale.
À DROITE
La Moskova, à deux pas du Kremlin,
Moscou.
Un pêcheur sur le canal de la Fontanka,
Saint-Pétersbourg.

En Russie, l'hiver, il faut faire avec. Impossible d'y échapper, qu'on l'aime ou non. Lorsque la pluie glaçante se mêle de flocons, lorsque le vent souffle, lorsque le blizzard envoie des rafales de neige si denses qu'elles permettent à peine de voir devant soit, il faut quand même continuer à avancer. D'ailleurs, dans la langue de Pouchkine, la neige ne tombe pas comme en français : elle « va », elle « vient », elle « marche ». Et les gens font la même chose, quoi qu'il arrive.

À GAUCHE
Une petite portion du Transsibérien, ligne de chemin de fer la plus longue du monde, dans la région de Novossibirsk. Une tempête de neige, république des Maris, région de la moyenne Volga. Norilsk, Sibérie centrale.

À DROITE
Le père Gel et la fille des Neiges, héros des contes russes d'hiver, posent devant le palais d'Hiver à Saint-Pétersbourg. Les plaisirs de la luge, Saint-Pétersbourg. L'église Saint-Nicolas-des-Marins, Saint-Pétersbourg. Glissades dans le parc de Pavlovsk, dans les environs de Saint-Pétersbourg. Une datcha sous la neige. Devant le palais de Catherine à Tsarskoïe Selo, dans les environs de Saint-Pétersbourg. L'Institut Smolny, Saint-Pétersbourg. Un pont balayé par les bourrasques, Saint-Pétersbourg.

PHOTOGRAPHIES ANCIENNES
À GAUCHE Un chasseur giliak posant un piège sur les rives de la mer d'Okhotsk. **À DROITE** Une troïka dans les environs de Moscou.

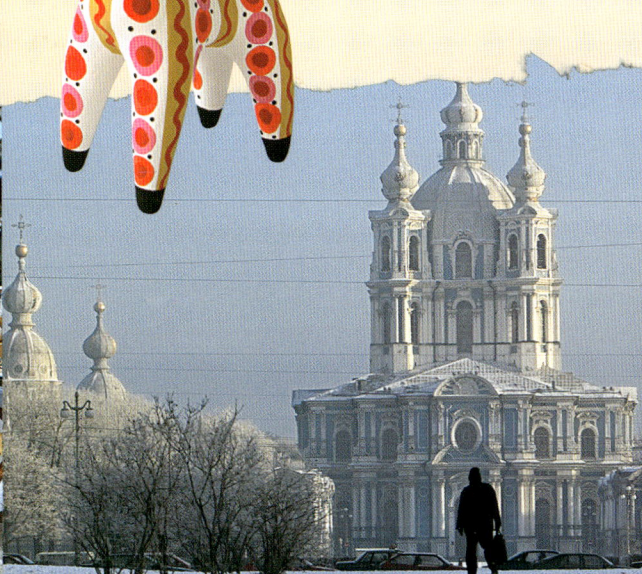

On dit que les enfants n'ont jamais froid.
Les enfants russes ont sans doute encore moins froid que les autres ! La neige ne les empêche pas de s'amuser dehors, bien au contraire. Dans les cours de récréation, dans les parcs et les jardins se succèdent batailles de boules de neige, constructions de figures et d'igloos, glissades et gentilles bagarres. À l'aise avec cette matière, ils s'y roulent comme si c'était de l'herbe, l'attrapent à pleines mains comme si c'était du sable, la dégustent comme une friandise…

À GAUCHE
Promenade sur la Neva gelée,
Saint-Pétersbourg.
À DROITE
Glissades dans le jardin Ioussoupov,
Saint-Pétersbourg.

« Rien ne vous empêchera d'avancer dans la bonne direction ! » semble dire Lénine emmitouflé dans son écharpe de neige. De gré ou de force. Les récits de prisonniers des camps regorgent de détails inimaginables : à la fin des années 1930, Evguenia Guinzbourg, envoyée, entre autres corvées, couper des arbres en Sibérie, raconte qu'il fallait que le thermomètre affiche – 50 °C pour être dispensé de travaux en extérieur : « Quarante-neuf au-dessous de zéro, c'est ce qu'il peut y avoir de pire », se souvient-elle dans *Le Ciel de la Kolyma*. Dans la partie occidentale de la Russie, les températures n'atteignent qu'exceptionnellement de tels extrêmes, mais il faut néanmoins faire face.

À GAUCHE
Lénine à Rostov-le-Grand.
À DROITE
Des militaires déblaient la place du Palais, Saint-Pétersbourg.

Enfant de Leningrad,
le poète Joseph Brodsky
(1940-1996) a beaucoup
observé sa ville. Il décrit
sa lumière unique, « lumière
nordique, pâle et diffuse,
où l'œil, comme la mémoire
s'exercent avec une acuité
inhabituelle ». Il évoque
les effets du froid qui rend
la ville abstraite : « Comme
si elle avait déjà réglé
leur compte aux hommes,
au fleuve et aux édifices,
[la température] vise
les idées. » Il plaint
les « colonnes nues, avec
leurs coiffures doriques,
emprisonnées par ce froid
sans merci ».

À GAUCHE
Le canal Krioukov, Saint-Pétersbourg.
À DROITE
Dans le jardin Ioussoupov,
Saint-Pétersbourg.

VIVRE À LA RUSSE

Nina guette ses amis par la fenêtre. Elle leur a donné des explications aussi précises que possible. Pourtant, elle se demande si ces Parisiens vont réussir à trouver leur chemin dans le labyrinthe du quartier qu'elle habite au sud de Moscou. Il est 14 heures. Depuis ce matin, elle s'active dans sa petite cuisine. Elle a décidé de leur préparer un repas russe digne de ce nom. Rien ne manque, à commencer par les *zakouski* (« petites bouchées »). La plupart de ces hors-d'œuvre ont été préparés par ses soins : champignons marinés, harengs aux aromates, caviar d'aubergine, concombres *malossol* (« peu salés »), *pirojki* (petits chaussons fourrés à la viande, au chou…). Suivra une soupe, toujours servie pour le déjeuner. Il en existe une pour chaque jour et chaque saison, mais elle a opté pour un *borchtch*, à base de betterave. Avec les rigueurs hivernales auxquelles les Français ne sont pas habitués, ce sera parfait ! Viendra enfin le plat principal : aujourd'hui, *kotliéti pa kievski* (blancs de poulet panés).

Les voilà qui sonnent à la porte. Oui, ils ont trouvé facilement ; non, ils ne sont pas trop fatigués d'avoir monté les six étages à pied. Désolée, l'ascenseur est encore en panne… Dans le vestibule, ils enlèvent leurs manteaux et leurs chaussures. Nina donne à chacun une paire de *tapki*, des chaussons – personne ne garde ses chaussures à la maison en Russie : la poussière l'été, la neige l'hiver, la boue le reste du temps sont cantonnées à l'entrée. À table ! Entre les plats, et même entre les bouchées, les amis portent des toasts à la vodka : à la rencontre, à l'amitié, au souhait de se revoir, au plaisir d'être ensemble…

L'après-midi est passé bien vite. Il est l'heure de partir pour le théâtre. Le Bolchoï, tous les étrangers rêvent d'y aller ! La représentation commence à 19 heures précises. Au programme : *Eugène Onéguine*, opéra en trois actes de Tchaïkovski d'après le roman en vers de Pouchkine, l'un des plus joués en Russie. Difficile de faire plus russe, y compris dans l'intrigue : une jeune fille rêveuse et romantique vivant à la campagne, un dandy cynique et voyageur, un duel dans lequel deux amis s'affrontent à mort, des regrets éternels sur le bonheur enfui… Avant d'occuper leurs places, il leur faut

> **Je n'ai jamais entendu au Bolchoï le tapotement sec et bref dont les personnes de qualité accordent l'honneur aux artistes qui leur ont fait passer une heure ou deux sans trop d'ennui.**
>
> Paul Thorez

passer au vestiaire, *garderob* en russe : les Français ne sont pas dépaysés. Des femmes de tous les âges sont assises sur la grande banquette recouverte de velours rouge adossée au mur. Elles ont ôté leurs manteaux, leurs écharpes et leurs gants, mais aussi, plus surprenant, leurs chaussures. Pas question de fouler les tapis et les parquets du Bolchoï en après-ski ou en godillots ! Toutes transportent dans un petit sac d'élégants souliers de ville qui s'accorderont avec la tenue qu'elles ont choisie avec soin. C'est d'ailleurs l'un des critères qui permet de distinguer les Russes des étrangers dans les lieux dédiés à la culture. Les premiers, quel que soit leur niveau de revenus, ont soigné leur mise, de la coiffure aux souliers ; les enfants sont sur leur tren et un les cheveux des petites filles sont retenus par des nœuds mousseux roses ou blancs, les chemises des petits garçons, fermées par un nœud papillon ou une cravate modèle réduit. Les seconds ne font généralement aucun effort particulier. Il faut dire qu'ils ont fort à faire à arpenter les avenues de la capitale par grand froid… Tout de même ! Les ouvreuses, qui semblent

toutes avoir dépassé l'âge de travailler, leur jettent souvent un regard réprobateur. Dans la salle, la magie opère. Le lieu est mythique, le décor, magnifique, la prestation, à la hauteur de la réputation du grand théâtre…

Fin du premier acte. Entracte. Un autre rituel commence. Celui du buffet. Impossible ne pas aller boire ou grignoter quelque chose : une coupe de *champagnskoïe*, un mousseux qui se donne des grands airs, et des canapés au fromage, au saumon fumé ou, si l'on a vraiment de la chance, au caviar. Le Soviétique qui sommeille encore dans la plupart des Russes d'aujourd'hui n'a pas oublié les temps de pénurie où les buffets des musées et des théâtres offraient presque toujours la garantie de se mettre quelque chose de bon sous la dent !

Les histoires d'amour finissent mal en général. Celle de Tatiana et d'Eugène n'échappe pas à la règle. Il est presque 22 h 30 lorsque le spectacle s'achève. La journée a été bien remplie. Demain, Nina leur servira de guide à la galerie Tretiakov : elle tient à leur montrer ses tableaux préférés.

Loin de la simple formalité administrative qu'il constituait généralement à l'époque soviétique, le mariage est aujourd'hui l'occasion idéale de faire une fête inoubliable… Parmi les temps forts de la cérémonie : l'achat symbolique de la fiancée par son futur époux, la dégustation de pain et de sel, puis celle de vodka ou de champagne, après laquelle le couple échange son premier baiser pour effacer l'amertume de la boisson et se garantir une union douce… Le nombre des mariages serait en hausse en Russie. Celui des divorces aussi.

Avant une cérémonie importante ou pour accueillir comme il se doit des visiteurs de marque, on offre du pain, symbole de richesse, et du sel, symbole de paix, présentés, si possible, par la jeune fille de la maison sur une serviette brodée. On dit aussi que le pain et le sel sont la première chose à apporter dans une maison où l'on emménage : on est alors sûr de ne jamais y manquer de nourriture. Même chose lorsqu'on quitte son domicile pour quelques jours : il faut toujours y laisser un morceau de pain. Sans doute pour les esprits du foyer affamés...

À GAUCHE
Festivités pendant un mariage, Chuvashia, Yalchiki.
À DROITE
Buffet traditionnel avec des *zakouski* pendant une fête, Chuvashia, Yalchiki.

En Russie, il y a deux Noëls et plusieurs façons de célébrer cette fête. À l'époque soviétique, l'accent était mis sur la nouvelle année. Car qui se souciait – officiellement – de la naissance du Christ ? D'ailleurs, chez les orthodoxes, c'est plutôt sa résurrection, Pâques, qui constitue l'événement de l'année liturgique. Dans la Russie d'aujourd'hui, Noël a lieu le 25 décembre et le 7 janvier : le calendrier julien – lequel affiche quinze jours de décalage par rapport au calendrier grégorien adopté au XVIe siècle… sauf en Russie – a beau avoir été abandonné à la Révolution, c'est lui qui reste en vigueur lorsqu'il s'agit de religion.

À GAUCHE
Dans les galeries du Goum, Moscou.
À DROITE
Avant les fêtes de Noël, une séance pour conjurer le mauvais sort, Chuvashia, Yolekiki.

« Ce matin-là, les fenêtres étaient grandes ouvertes

dans nombre de maisons de Moscou.[...]

L'air, le soleil, les carillons envahissaient

les pièces des étages supérieurs en lourdes vagues

qui se brisaient contre les murs, les meubles et les poêles.

Une joie pascale enveloppait l'âme des croyants

et, à ceux qui n'avaient pas la foi,

le printemps apportait une satisfaction animale. »

Michel Ossorguine, *Une rue à Moscou*

Alexandre Pouchkine
(1799-1837), le poète
russe par essence,
est toujours présent dans
les lieux et dans les esprits.
Il est considéré comme
le fondateur de la littérature
de son pays, comme
« une manifestation
extraordinaire, peut-être
l'unique manifestation
de l'esprit russe » (Gogol).
Il a forgé une langue limpide
et concise et s'est essayé
avec succès à tous les genres.
Il a combattu le servage
et défendu la liberté
d'expression. Dans la plupart
des villes, une rue ou une
place, une station de métro
portent son nom. Il existe
une multitude de musées
qui lui sont directement
consacrés ou se trouvent
placés sous son patronage.
La petite ville de Torjok
ne fait pas exception à la règle.

À GAUCHE
Une statue de Pouchkine devant
le Musée russe, place des Arts,
Saint-Pétersbourg.
À DROITE
Dans une rue de Torjok, une ville
mentionnée dès le XIIe siècle,
région de Tver.

74

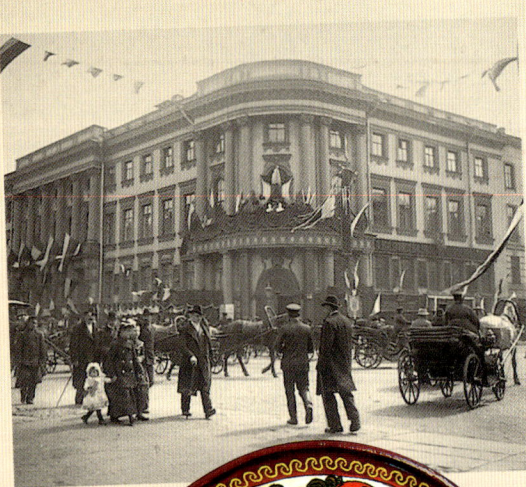

А 819 ЕС 44

СВЕЖИЙ

ХЛЕБ

Entre modernité et tradition, la plupart des gens continuent à faire leurs courses au jour le jour, au fil des trouvailles, des bonnes affaires, des besoins. Le quotidien des citoyens ordinaires est encore très éloigné de celui de leurs compatriotes qu'on appelle les « nouveaux Russes », et qui ne semblent pas vivre sur la même planète. Au quotidien, les grandes surfaces sont rares, les magasins où l'on se sert soi-même plus encore ; les marchés, les kiosques et les petites boutiques, dont beaucoup fonctionnent 24 heures sur 24, demeurent la norme.

À GAUCHE
La cuisine d'un appartement communautaire, Saint-Pétersbourg, 2007.
Un kiosque à journaux, Saint-Pétersbourg.
Andreï et Xenia partagent avec leurs parents une pièce dans un appartement communautaire, Saint-Pétersbourg.
Scène de rue à Vladimir : la publicité vente les mérites d'une farine.
Une boîte aux lettres russe.
Une voiture à réparer, Souzdal.
Un petit kiosque où l'on vend du pain frais.

À DROITE
Le sourire d'une passante.

PHOTOGRAPHIES ANCIENNES
À GAUCHE Sur la perspective Nevski, Saint-Pétersbourg, 1902. À DROITE Scène de rue dans les années 1930.

« Sur les portes des paliers,

on lit les noms des habitants logés dans un appartement ;

selon qui l'on désire, on sonne un nombre différent

de coups. Il n'est pas rare de lire : six coups pour Untel.

Si des enfants naissent, si un parent

ou un ami vient de province, il n'y a qu'une solution :

se serrer un peu pour lui faire de la place.

Par appartement, une cuisine

et une chambre de bains [...] ; si tout le monde

veut cuisiner au même moment, l'on voit trois

ou quatre ménagères s'affairer autour de quatre

ou cinq primus rugissants. »

Ella Maillart, *Parmi la jeunesse russe*

À DROITE
Depuis le divorce de leurs parents,
Arina et sa sœur vivent avec
leur mère dans une pièce de 30 m²,
dans un appartement communautaire
à Saint-Pétersbourg.

On connaît
ses danseurs classiques
et ses chorégraphes,
ses compositeurs
et ses interprètes, ses
dramaturges et ses metteurs
en scène. La Russie est
une terre d'artistes,
professionnels et amateurs.
La notoriété des premiers
a largement franchi
les frontières : on dit Noureev
ou Barychnikov et on pense
à l'excellence du théâtre Kirov
où ces danseurs de génie
firent leurs premières armes.
Les amateurs, eux, avaient
à leur disposition à l'époque
soviétique tout un réseau
de conservatoires et
d'académies où approfondir
leur hobby. Des loisirs oisifs ?
C'était hors de question.
Les temps ont changé
et l'État n'investit plus
dans ces secteurs, mais
il en reste indiscutablement
quelque chose.

DOUBLE PAGE PRÉCÉDENTE
Activités de plein air pour
de jeunes pionnières, reconnaissables
à leur petit foulard rouge.
À GAUCHE
Les élèves de l'Académie des arts
du théâtre de Moscou préparent
leurs examens.
À DROITE
La troupe du Bolchoï en tournée,
ici à Covent Garden, Londres, 2004.

L'HÉRITAGE SOVIÉTIQUE

83

Devant la gare de Finlande,
à Saint-Pétersbourg, un homme attend
les voyageurs. Un homme de pierre
figurant un personnage dont le nom
a été synonyme d'espoir et de terreur.
Vladimir Ilitch Oulianov, *alias* Lénine,
se dresse là, le bras tendu, perché sur le toit
d'une voiture blindée. Celle-là même dans laquelle,
au retour de son exil finlandais en avril 1917, il partit
faire le tour de la ville où quelques mois plus tard
éclaterait la révolution bolchevique. Pour l'écrivain
Joseph Brodsky, cette statue, dont le piédestal
est unique en son genre, symbolise une société
nouvelle, car « l'ancienne était habituellement
représentée par des cavaliers ».

Installé depuis 1924 sur une place qui, aujourd'hui
encore, porte son nom, Lénine harangue-t-il la
foule ? Lui indique-t-il la direction à suivre ?
On le retrouve dans cette position volontaire
à d'autres endroits de la ville, devant l'ancien palais
des Soviets par exemple. Lui qui de son vivant
s'était opposé au développement d'un culte autour
de sa personne doit en être bien fâché. Le père
de la Révolution voulait mettre les arts au service
du nouvel idéal dans lequel tout le pays engageait
ses efforts. Les écrivains, les peintres, les sculpteurs
devraient vanter les mérites de l'édification
du socialisme et les exploits de ses serviteurs.

Dans les mois qui suivirent sa mort en janvier 1924,
l'ancienne capitale impériale fut rebaptisée Leningrad
en son honneur et des statues le représentant,
l'air tantôt décidé, tantôt solennel, commencèrent
à se dresser aux carrefours importants des villes
de la nouvelle URSS, et plus tard de tous les pays
du « bloc de l'Est ». Incarnation physique
de la Révolution, Lénine ne pouvait disparaître
Son corps embaumé fut déposé dans un mausolée
de granit et de béton érigé sur la place Rouge,
à Moscou, nouveau cœur du pouvoir de la Russie
soviétique. Par millions, ses concitoyens sont venus
lui rendre une visite respectueuse. Passage obligé
pour tous les étrangers aussi. Aujourd'hui, le lieu
n'aimante plus les foules mais il est loin d'être
déserté. L'atmosphère demeure grave. La momie
est confiée aux bons soins de gardes qui prennent
leur tâche très au sérieux. Les visiteurs n'ont pas

> 66 Je tirerai de mes poches profondes / l'attestation d'un vaste viatique. / Lisez bien, enviez / je suis / un citoyen / de l'Union soviétique. 99
>
> Vladimir Maïakovski

le droit de parler, de s'arrêter ; ils sont simplement admis à approcher un mythe, une légende, le héros de plusieurs générations.

L'homme est réellement devenu un monument. Il n'est pas le seul d'ailleurs. D'autres leaders du régime et théoriciens du marxisme l'ont rejoint. Beaucoup sont toujours visibles : Kirov se dresse à l'entrée du stade qui porte son nom à Saint-Pétersbourg, Karl Marx fait, aux dernières nouvelles, encore face au théâtre Bolchoï à Moscou… Un peu partout, des plaques commémorent aussi la mémoire de diverses personnalités de la période et les exploits de héros plus modestes : un aviateur ici, un ingénieur là. D'autres ont eu moins de chance. À Moscou, le parc des Arts accueille un certain nombre de « déboulonnés ». Dans la Russie d'aujourd'hui, l'héritage soviétique se retrouve par touches. Des villes et des rues ont repris leur nom d'avant : Sverdlovsk est redevenue Iekaterinbourg ; Kouïbichev, Samara ; l'avenue Kalinine, Novy Arbat… Il reste pourtant des avenues Lénine et des rues des Soviets.

Zoom avant : il reste aussi çà et là, dans les petites villes, dans les quartiers périphériques de ces grandes cités qui ont pris un air occidental conforme à l'image que le pays voulait afficher après la chute du régime communiste, une typographie inimitable,

des maisons de la culture, des parcs des loisirs et du repos, des barres d'immeubles construites à une époque où il fallait loger vite et à tout prix des millions de personnes, des usines pas très aux normes… Il reste d'anciens petits pionniers, nés et élevés dans un monde où leur avenir s'annonçait radieux. Ils en portent la marque jusque dans les prénoms qu'ils ont reçus, incroyables acronymes passés aux oubliettes : plus aucune fillette ne se prénomme Erlena (« Ère de Lénine »), Spermaïa (« Bon 1er mai ! ») ou Krarmia (« Armée rouge ») ; il n'y a plus de jeune Lenlioud (« Lénine aime les enfants »), de petit Piatvtchet (« Le plan quinquennal en quatre ans ») ou de Mek (« Marx, Engels, communisme »). Avant, on était pauvre mais fier. Dans la Russie d'aujourd'hui, plus personne ne peut se payer le luxe d'être pauvre. Il faut réussir et donc posséder. Ce n'était pas forcément mieux avant. C'était différent.

Vladimir Ilitch Oulianov, fils de la bourgeoisie russe devenu Lénine, n'est pas vraiment mort, même s'il a cessé de vivre voilà plus de 80 ans. Il est toujours là, dans certains esprits et dans beaucoup de lieux. Certains le considèrent comme un héros, d'autres, comme l'organisateur d'un des pires régimes de terreur du XXe siècle, d'autres encore estiment que sa pensée a été pervertie par ceux qui ont gouverné après lui et que les choses auraient tourné autrement s'il n'était pas mort prématurément, sans véritablement organiser sa succession.

DOUBLE PAGE PRÉCÉDENTE
L'hôtel Cosmos, prospekt Mira (« avenue de la Paix »), Moscou.
À GAUCHE
Monument à la gloire de Lénine, Norilsk.
À DROITE
Exposition de sculptures de glace, Kyakhta, république autonome de Bouriatie.

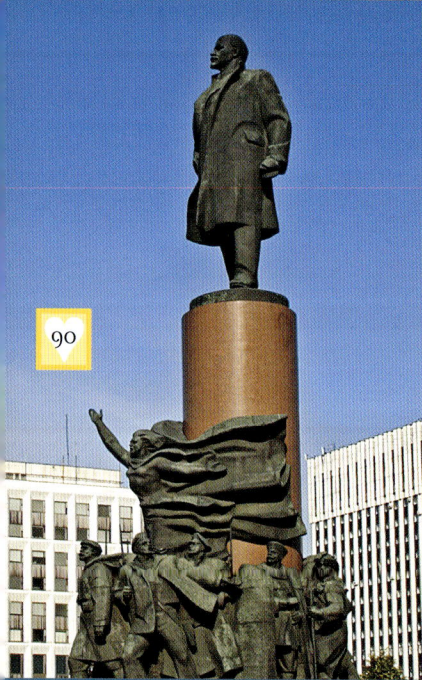

90

Une idole chasse
l'autre. Dans un régime
qui a banni la religion,
les leaders politiques ont
remplacé Dieu et ses saints.
Ils sont partout. Enfin,
surtout les pères fondateurs :
Marx, Lénine, Staline.
Le dernier s'efface
progressivement après
la reconnaissance
de ses crimes par le régime,
à la fin des années 1950.
Quant au premier, si on
en parle, on ne le voit pas
beaucoup. Et d'ailleurs
on n'évoque généralement
son nom qu'accolé à celui
de Lénine. On est au pays
du marxisme-léninisme.
La Révolution a un visage :
celui de son « père »,
Lénine.

À GAUCHE
Le père de la Révolution sous toutes
les formes : statues, vitraux, timbres,
monuments…
Place Moskovskaïa, Saint-Pétersbourg.
Dans le musée de la Vie politique,
Saint-Pétersbourg.
Sur un timbre célébrant les 70 ans
de la révolution d'Octobre (1987).
Devant le ministère de l'Intérieur, Moscou.
À Irkoutsk, Sibérie.
Dessin sur céramique, Ukraine,
XIXᵉ siècle.
Devant l'ancien complexe du VDNKh,
Moscou.
Entre les mains de fervents supporters,
place du Palais, Saint-Pétersbourg.
Sur un timbre commémorant
les 50ᵉ ans de l'attribution de son nom
au mouvement des *komsomols*,
les jeunesses communistes (1974).
À DROITE
Sur un drapeau en compagnie de Staline.
En effigie, dans la région de Moscou.

Toutes les mains se lèvent pour que les objectifs du plan soient remplis ! Tant mieux, il n'y a pas d'autre choix. En URSS, le Gosplan définissait et planifiait les objectifs économiques du pays en tenant compte d'un certain nombre de recommandations et de facteurs. Véritable pieuvre avec ses départements sectoriels et transversaux, l'agence de planification d'État décidait de tout, parfois en dépit du bon sens comme le laissent entendre les nombreuses blagues qui parlent de ces usines chargées de fabriquer des bottes… mais uniquement des jambes gauches. Elles possèdent sans doute un fond de vérité. Le délabrement de l'économie soviétique à la chute du régime plaide en ce sens.

À GAUCHE
Une affiche de propagande
des années 1930.
À DROITE
Immeuble d'architecture stalinienne
rue Arbat, Moscou.

« — Je veux que vous fassiez quelque chose pour moi, Pavel
Vassiliévitch, dit-il en contemplant la place Dzerjinski.
Quand vous partirez ce soir, je veux
que vous regardiez longuement la Loubianka.
Mon bureau est au cinquième étage. Un sixième étage s'étend
au-dessus de ma tête – tout un étage, dont j'ai la responsabilité.
Chacun à son niveau : vous, puis votre supérieur, puis moi,
puis Beria, lequel est directement responsable devant Staline.
Au-dessus de Staline, il n'y a que la Révolution,
devant laquelle nous sommes tous responsables,
d'une façon ou d'une autre. [...]
Dehors, les premières étoiles commençaient à apparaître
au-dessus de Moscou.
– Tout remonte vers le haut, déclare le commandant. »

Travis Holland, *Loubianka*

Quel est donc
le 60e anniversaire
dont il a été question
sur ce mur délabré ? Celui
du lancement d'un cuirassé
ou d'un brise-glace,
à l'époque révolue où Tiksi
était une étape majeure
de la route maritime
du Nord ? Dans la ville
tombée en désuétude
depuis la chute de l'URSS,
une partie de la population
semble s'être volatilisée
et le temps s'est arrêté.
Il reste aujourd'hui une base
de l'armée de l'air et des rêves
qui transportent sans doute
à des années-lumière
ceux qui sont toujours là…

À GAUCHE
Tiksi, port principal de la presqu'île
de Taïmyr, à proximité d'un bras
du delta de la Lena, sur la mer
des Laptev (océan Arctique).
À DROITE
Le monument aux Conquérants
de l'espace devant l'ancien complexe
du VDNKh, Moscou.

Les « sept sœurs », comme on appelle volontiers les gratte-ciel staliniens qui ponctuent le paysage moscovite, sont, au même titre que la cathédrale Basile-le-Bienheureux, un symbole de la capitale russe. Leur style massif et pompeux, inspiré tout à la fois des tours baroques du Kremlin et des buildings américains des années 1930, a été baptisé « gothique stalinien ». Construits entre 1948 et 1957, ces bâtiments conçus pour structurer l'espace urbain et exalter la supériorité du communisme avec force pilastres, colonnades et statues imposantes abritent pour deux d'entre eux des appartements toujours très recherchés pour leur confort.

À GAUCHE
Les célébrations du 9 mai à Saint-Pétersbourg : on fête la victoire de 1945.

À DROITE
Un des sept gratte-ciel staliniens de Moscou. Celui-ci, quai Kotelnitcheskaïa, est un immeuble d'habitations.

100

Ce n'est pas une guerre comme les autres.
La Seconde Guerre mondiale, qui, en URSS, débuta par l'invasion allemande de juin 1941 et se termina officiellement le 9 mai 1945, porte dans le pays le nom de Grande Guerre patriotique. Toutes les forces de la nation furent mobilisées dans cette lutte sans pitié qui la saigna à blanc : au moins 20 millions de morts, plus de 1 700 villes et 70 000 villages anéantis… Au total, l'Union soviétique aurait subi la moitié, en valeur, des destructions matérielles de l'ensemble du conflit. Au lendemain de la guerre, les héros reçurent de multiples hommages et furent remerciés en nature.

À GAUCHE
Place de la Loubianka, Moscou.
Dans le mémorial de la bataille de Stalingrad, Volgograd.
Une manifestation sur la perspective Nevski, Saint-Pétersbourg.
Un 9 mai à Saint-Pétersbourg : on commémore la victoire sur l'Allemagne.
Dans le mémorial de la bataille de Stalingrad, Volgograd.
Une affiche de propagande révolutionnaire de 1917 : «La guerre jusqu'à la victoire», lit-on sur le drapeau.
À DROITE
Le monument de la Victoire, Saint-Pétersbourg.
Monument dédié à Lénine, devant le ministère de l'Intérieur, Moscou.
Monument commémoratif de la Seconde Guerre mondiale, Tioumen.
PHOTOGRAPHIES ANCIENNES
À GAUCHE Des ouvriers serruriers, Kharkov (Ukraine actuelle), vers 1906.
À DROITE La 165e division d'infanterie ralliée à la Révolution, Kiev, mars 1917.

Des symboles
qui ne veulent plus
dire grand-chose
mais rappellent un passé
encore proche. Dans
les grandes villes, en tout
cas dans les quartiers
du centre, les édiles ont
opéré une sélection parmi
les signes extérieurs
de la période soviétique :
on a gardé les statues de
Lénine, mais la typographie
si particulière des années
1970 et 1980 qui indiquait
ce qu'on trouvait dans les
magasins (généralement
un *produkty* assez vague)
a disparu des devantures.
À Saint-Pétersbourg,
le monogramme de Nicolas II
a remplacé la faucille
et le marteau. Mais qui
se soucie de ce qui se passe
au fin fond de la Sibérie ?

À GAUCHE
Prisonniers au travail dans une mine
de Sakhaline, 1902.
À DROITE
Les symboles soviétiques sont loin
d'avoir tous disparu : exemple
dans une rue de Sloudianka, petite ville
du centre de la Sibérie.

Où est-elle aujourd'hui
l'amitié entre
les peuples incarnée
par cette fontaine
monumentale qui trône au
centre de l'ancien VDNKh ?
Ce vaste complexe situé
au nord-est de Moscou
a été rebaptisé VVTs
dans les années 1990,
c'est-à-dire Centre panrusse
des expositions. Mais
les Russes continuent
de l'appeler par son ancien
nom : Centre des réalisations
de l'Union soviétique.
L'endroit a fait rêver petits
et grands venus admirer
dans les pavillons thématiques
et nationaux les prodiges
réalisés en URSS : merveilles
de l'énergie atomique, succès
de l'agriculture collectiviste,
exotisme des républiques
d'Asie centrale… Aujourd'hui,
on y vend des machines à laver
et des aspirateurs.

À GAUCHE
Un cimetière sur fond d'usines, Norilsk.
À DROITE
La fontaine de l'Amitié entre
les peuples dans l'ancien complexe
du VDNKh, Moscou. Chaque statue
figure une république soviétique.

Débrouillardise et bouts de ficelle.
Pour une partie de la population, les changements politiques n'ont rien apporté de bon. Ni de mauvais d'ailleurs. Dans les campagnes, la vie continue comme avant, sur fond de troc, d'entraide et de strict minimum.
Dans les villes, les retraités n'ont pas la vie rose et beaucoup doivent continuer à travailler car leurs pensions plus que modiques (45 euros par mois en moyenne) ne suffisent pas face à l'augmentation du coût de la vie. Tant qu'elles ont la force de cultiver leur petit bout de terrain, les grands-mères peuvent toujours s'en sortir…

CAMPAGNES ÉTERNELLES   III

La scène pourrait se dérouler dans n'importe quelle grande ville russe. En juillet ou en août, en fin de semaine, dès que la belle saison arrive et avant que l'hiver ne s'installe. Les rues sont vides, les cités semblent avoir été désertées par leurs habitants. Où sont-ils donc passés ? Le vendredi, dès le milieu de l'après-midi, on les trouve dans les gares à attendre l'*elektrichka*, sorte de train de banlieue qui les conduit à quelques dizaines de kilomètres de la ville. Le dimanche soir, ils font le voyage en sens inverse. L'été, ils prennent le temps de s'installer. Où ? À la datcha ! L'appellation recouvre des réalités bien différentes : de la remise à outils au cottage tout confort en passant par la bicoque plus ou moins bien aménagée, souvent sans l'eau courante.

Évidemment, les occupants de ces lieux n'ont pas tous les mêmes motivations. Les plus aisés viennent se détendre dans un environnement calme et vert, faire un peu de jardinage, recevoir famille et amis. Les autres aussi en quelque sorte. Mais pour eux, l'exploitation du lopin de terre sur lequel se dresse la construction relève également du très utile, voire de l'indispensable. Phénomène typiquement citadin, la datcha est à l'origine une résidence secondaire pour les classes privilégiées désireuses de fuir l'agitation des villes. La Révolution a balayé les longs étés qu'ont si bien décrits Tourgueniev et Tchekhov, la langueur des après-midi écrasés de soleil, avec en bruit de fond le bourdonnement des insectes, le plaisir de faire les confitures, les longues promenades dans la campagne... Pendant la Seconde Guerre mondiale, le gouvernement a distribué des lopins de terre aux citadins en mal d'approvisionnement. Ils n'arrêteront jamais de les cultiver, y trouvant un complément indispensable à leur alimentation médiocre et l'occasion d'un bol d'air tout aussi indispensable à des conditions de vie urbaine souvent difficiles.

Le dimanche soir, les voilà donc de retour en ville, les *babouchkas* avec leurs caddies chargés de bocaux et de sacs desquels dépassent des fleurs, des légumes et des fruits fraîchement récoltés. Cela servira

> **"** Je veux voir les roses dans ce jardin unique
> Où s'élève une grille sans pareille ici-bas... **"**
>
> Anna Akhmatova

de provisions pour la semaine. Certaines iront les revendre sur les marchés, histoire de gagner quelques roubles et d'arrondir leurs maigres retraites. Les quelques jours qu'elles ont passés à s'activer, pliées en deux sur leurs plates-bandes, leur ont peut-être rappelé leur jeunesse à la campagne ou au moins, si elles ont été des enfants du bitume, le temps où leurs ancêtres cultivaient la terre. Elles ont forcément des aïeux paysans.

Cette campagne dont les Russes parlent si souvent avec des accents de nostalgie commence, aujourd'hui encore, aux portes des villes. Lorsqu'on est étranger, on la découvre d'abord à travers les récits des auteurs russes de la deuxième moitié du XIXe siècle, puis sur les toiles des artistes de la même époque. Dans les tableaux d'Isaac Levitan (1860-1900), on distingue le chuchotement de l'herbe, les adieux des feuilles en automne, le gazouillis des ruisseaux pendant le fonte des neiges au printemps, la conversation du vent et des roseaux, on sent l'odeur des feuilles pourrissantes ou celle des bourgeons prêts à éclore.

Dans ceux d'Ivan Chichkine (1832-1898), on pénètre souvent dans des clairières ou on s'enfonce dans la forêt, on y rencontre parfois des ours ; aucun détail – cailloux, fines branches, brindilles… – n'échappe à ses compositions lyriques et puissantes. On se perd dans un champ de seigle : les épis mûrs sont penchés sous le poids des grains, quelques arbres imposants tentent de borner un horizon sans limites, un oiseau vole bas et son ombre se détache dans l'herbe en bordure du chemin boueux. Tout est là : un sentiment d'immensité et d'éternité. Le même sentiment d'éternité est présent dans une peinture particulièrement emblématique : *Les Freux sont revenus* (1871), d'Alexeï Savrassov. Exposée à la galerie Trétiakov de Moscou, cette huile aux dimensions modestes (62 x 48,5 cm) et aux couleurs un peu éteintes figure un paysage à la fin du printemps. La neige est toujours lourde mais on sent que la nature ne va pas tarder à se réveiller. Sur les fines branches encore dénudées des bouleaux, des oiseaux que l'on imagine volubiles sont revenus. En arrière-plan, on aperçoit des palissades, les bulbes en écailles de tremble d'une église, un clocher-tour dont le crépi s'en va par endroits, quelques isbas modestes et une fumée qui s'échappe d'une cheminée. Une photo prise aujourd'hui au même endroit ne montrerait sans doute pas autre chose.

ул. КЛУБНАЯ

22
6

Rideaux fleuris,
festons ouvragés,
jardinets plantés
de fleurs multicolores :
les maisons en bois
des villages russes sont
comme un défi à l'hiver
et à l'adversité. En Russie,
l'agriculture a beau être
l'un des quatre « projets
nationaux » des années
2000, l'État a beau injecter
des milliards de roubles
dans le secteur, les villages
se vident de leurs habitants.
Il reste souvent des personnes
âgées qui n'ont pour seule
possession que leur
maisonnette et leur parcelle
de terre, ou des illuminés
particulièrement courageux
qui ont repris à leur compte
des terrains appartenant
autrefois aux fermes
collectives. Le vrai *business*
n'est pas dans la terre.

DOUBLE PAGE PRÉCÉDENTE
Une forêt de bouleaux, l'arbre emblème
de la Russie.
À GAUCHE
Une isba, oulitsa Kloubnaïa (« rue
du Club »), Kostroma.
À DROITE
Dans un village près du lac Seliguer,
oblast de Tver.

« Le regard jeté sur le vert humide des jardins,
dans ces datchas […] m'expliqua tout à coup la raison
de l'inéluctable mélancolie que je ressentais à chaque installation
à la campagne. Le printemps, semblait-il, venait juste
d'emménager, lors même que les objets et les meubles
de notre appartement en ville venaient d'être emballés.
Un sentiment d'inachevé, de provisoire, dominait
jusque dans la maison. Un parfum de laque, de literie humide,
un air froid, vif, mêlé à la forte odeur des bouleaux
et aux lilas en boutons, la jubilation sonore des chants d'oiseaux
— toutes les images de l'été précédent se réveillaient,
gorgées de parfums, de couleurs et de joie, semblables pourtant
au souvenir lointain et fané qui vous saisit
au seuil d'une ruine, d'un lieu métamorphosé par l'hiver
et comme frappé d'irréalité. »

Lou Andreas-Salomé, *En Russie avec Rilke*, 1900

Savoir tirer parti
des ressources
de la nature, c'est autant
une nécessité qu'un plaisir.
À la fin de l'été, les forêts
se peuplent de promeneurs
qui avancent un panier
à la main d'un pas prudent
mais l'air déterminé.
Ils cherchent des champignons
dont ils se régaleront le jour
même et qu'ils mettront en
conserve pour les consommer
plus tard. Ils cherchent
aussi les baies qui ponctuent
les sous-bois de taches
orangées, rouge vif, rouge
clair, grenat, violacées. Il faut
de la patience et de sérieuses
connaissances pour pratiquer
ces deux « sports nationaux ».

Kapousti et *kartochki* : choux et pommes de terre, deux piliers de l'agriculture et de la cuisine russe. Ces deux légumes ont fait du chemin pour arriver jusqu'en Russie. Le premier, originaire d'Asie, s'acclimate particulièrement bien dans les pays du Nord ; doté de multiples vertus médicinales, il peut de plus se conserver en saumure et être ainsi consommé tout au long de l'année. Le second, découvert dans les Andes par les Espagnols au XVe siècle, n'a pas vraiment connu les faveurs des tables russes avant la fin du XIXe siècle, mais depuis, c'est une grande histoire d'amour. La Russie est aujourd'hui le 3e producteur mondial de choux et le 2e producteur mondial de pommes de terre.

DOUBLE PAGE PRÉCÉDENTE
Le lac Seliguer, oblast de Tver.
À GAUCHE
Des ouvriers agricoles caucasiens à la récolte des choux.
À DROITE
Travaux dans un champ de pommes de terre, république des Adygués.

126

Ici on répète
inlassablement
les mêmes gestes.
La question ne se pose
même pas. Il faut s'occuper
des bêtes, les nourrir,
les faire paître, les traire.
Il faut s'occuper de la terre,
sarcler les parcelles,
effectuer les semailles
puis les récoltes. Il faut,
chaque saison, préparer
celles qui vont suivre.
Il faut continuer à vivre
en harmonie avec son
environnement, l'apprivoiser
sans le forcer, s'assurer
de sa complicité afin d'avoir
le moins possible besoin
du « monde extérieur ».

À GAUCHE
Quelque part en Kalmoukie.
Une vieille femme gagaouze.
Un apiculteur, Tchouvachie.
Dans une ferme de la région de Moscou.
Dressage de chevaux en Bouriatie,
Sibérie centrale.
Un élevage porcin dans la région
de Moscou.
Dessin sur céramique, Ukraine,
XIXe siècle.
Un homme et son bétail en Bouriatie,
Sibérie centrale.
À DROITE
Dans un village du lac Seliguer,
oblast de Tver.
Dans une isba en Tchouvachie :
on fabrique de l'huile « à l'ancienne ».
Des réserves de bois pour l'hiver.

« C'est beaucoup plus tard que de cette éblouissante

folie de notre enfance émergèrent quelques images enregistrées

et préservées à notre insu. Un vieillard qui marchait

le long de la route et, se courbant péniblement cueillait

de poussiéreuses feuilles d'oseille. Le visage d'une vieille paysanne

qui agitait faiblement la main à notre passage et nous souriait

à travers ses larmes dans une grimace striée de rides.

Oui, c'est bien des années après qu'on a su deviner

ce que renfermaient ces yeux éteints. Ces innombrables rangs

de soldats qui avaient traversé jadis le village

avant de sombrer pour toujours. [...] Il y avait dans ces rangs

un front, des yeux, une silhouette auxquels la paysanne tenait

plus qu'à la vie. Disparus eux aussi. »

Andreï Makine, *Confession d'un porte-drapeau déchu*

La soupe est un aliment réconfortant. Le thé est une boisson conviviale. Autrefois, on le préparait avec un samovar. L'ustensile se compose d'un corps principal pourvu d'un petit robinet : c'est dans ce réservoir qu'une bonne quantité d'eau est maintenue chaude grâce à un ingénieux système. Il se termine par une cheminée sur laquelle est posée une théière contenant une infusion de thé plus ou moins forte. Chacun se sert en concentré de thé et l'allonge avec de l'eau chaude, selon son goût. Aujourd'hui, les sachets ont remplacé le samovar, cantonné au rang d'objet de décoration. Le café a gagné du terrain mais on continue à consommer beaucoup de thé en Russie : 1 kg par an et par personne (18e rang mondial).

À GAUCHE
Un intérieur kalmouk.
À DROITE
Un samovar.

Elles sont rarement
absentes des romans
russes du XIXe siècle :
les belles Gitanes, mystérieuses
et séductrices, avec leur
peau dorée et leurs yeux noirs.
Elles chantent et elles
dansent, elles disent la bonne
aventure, elles symbolisent
la fête et la liberté…
Dans les premières années
de la Russie soviétique qui
met en valeur les identités
nationales au sein de
la grande Union, leur culture
est valorisée, mais,
dans les années 1950,
un décret impose aux Roms
une sédentarisation forcée
et une activité inhabituelle
pour eux : l'agriculture.
Dans les villages où ils
ont été fixés, ils sont perçus
comme des étrangers
et n'ont généralement pas
des relations très harmonieuses
avec le reste de la population.

À GAUCHE
L'église de la Transfiguration,
un moulin, île de Kiji, lac Onega.
À DROITE
Festivités dans une communauté
de Gitans, Peri, oblast de Leningrad.

VILLES EN MOUVEMENT

« Je n'aurais jamais imaginé voir ça de mon vivant ! Cet homme a changé nos vies, qu'il soit béni ! » Pimpante avec ses boucles d'oreilles en malachite assorties à ses yeux, Tatiana a largement atteint l'âge de la retraite, mais pour elle, pas question de s'arrêter. Guide auprès de touristes francophones à Moscou, elle n'a pas envie de tourner la page. D'ailleurs, elle n'en a absolument pas les moyens avec la modeste pension de professeur de français qu'elle perçoit. Et puis, elle aime tant faire partager sa passion pour sa ville natale ! Pour l'heure, l'objet de son enthousiasme, c'est la promenade aménagée sur la place du Manège, autour du centre commercial Okhotny Riad, l'un des premiers temples de la consommation à l'occidentale apparu dans la capitale. Le sous-sol est entièrement occupé par des stands de restauration rapide : on peut y manger à toutes les sauces, de la pizza aux sushis, des nems aux hamburgers ! Et si on y fait la queue, c'est uniquement parce que l'endroit connaît un franc succès et non parce qu'il n'y a rien à acheter ou que les vendeuses se moquent bien des clients,

comme c'était encore le cas il n'y a pas si longtemps… Son héros n'est autre que Iouri Loujkov, maire de la capitale depuis 1992. Il est vrai que la cité a changé de visage depuis qu'il est en charge des affaires.

Au lendemain de l'effondrement de l'URSS, elle était grise et semblait vide. Ses artères larges et interminables étaient parcourues par de rares voitures, le plus souvent officielles. 1997 marque un premier tournant : le maire a l'idée de fêter le 850e anniversaire de la fondation de Moscou. Une célébration… inattendue qui marque le début d'une vaste campagne de rénovations, de constructions et de reconstructions, comme une réparation faite aux édifices mis à mal dans les années 1930. « Quand on pense qu'ils ont voulu tout démolir ! Quelle honte ! » s'indigne Tatiana.

Il faut dire que la ville l'a échappé belle. En 1918, Moscou redevint capitale en remplacement de Saint-Pétersbourg. Au cours de la décennie qui suit la Révolution, la cité dut faire face à un afflux massif de population : des dizaines de milliers de personnes venues des quatre coins de la Russie convergeaient vers ce nouveau centre. Il fallut les loger, leur donner des moyens de transport. Mais pour les dirigeants du pays des Soviets, cette problématique se doublait d'un autre enjeu :

> *Il me reste l'aube, les matins froids,*
> *Cent trams attardés dans la nuit et cent*
> *Gouttes de pluie sur les rails du tramway...*
>
> Arseni Tarkovski

le visage à donner à la capitale du premier État socialiste au monde. Fallait-il faire du neuf avec du vieux ? Fallait-il raser cette ville au passé trop chargé et construire une nouvelle cité emblématique d'une nouvelle société ? Les différents projets firent l'objet d'âpres discussions et Staline trancha pour une solution intermédiaire : ici on détruit, là on conserve.

Aujourd'hui comme hier, tout rayonne donc depuis le Kremlin, centre du pouvoir politique mais aussi, pendant longtemps, du pouvoir religieux. Le Kremlin de Moscou s'écrit avec une majuscule, c'est le Kremlin des kremlins, mais *kreml* est aussi un nom commun, et on retrouve cette « citadelle » au cœur de toutes les villes russes anciennes. C'est à partir de cette enceinte fortifiée que partent des artères en diagonale, et que d'autres voies forment autour d'elle des cercles concentriques. Au fur et à mesure que l'on franchit les cercles en s'éloignant du centre se dessine un patchwork de quartiers d'habitation, qui ne sont pas des banlieues et au-delà desquels s'étend la campagne. On pourrait les qualifier de zones résidentielles si le terme ne possédait pas une connotation positive qui n'a pas vraiment lieu d'être. Le « socialisme à visage humain » n'est pas arrivé jusqu'à ces avenues bordées d'immeubles jumeaux et qui se croisent à angle droit sans jamais sembler se terminer.

Un des grands succès du cinéma soviétique prend comme prétexte cette uniformité qui caractérise les grandes villes du pays. *L'Ironie du sort* (1975) commence sur un malentendu : un 31 décembre, un jeune Moscovite se retrouve à Leningrad après une soirée trop arrosée. Croyant se trouver dans sa propre ville, il prend un taxi et donne son adresse. Tout lui paraît familier : même nom de rue, même immeuble, même appartement, jusqu'aux clés qui ouvrent les mêmes serrures de la même porte ! Sans se rendre compte de rien, il s'endort ainsi dans le lit d'un autre. Une *love story* commence alors, mais c'est une autre histoire…

Notre Tatiana, elle, vit à Tsaritsyno, dans la partie sud de la ville. Elle se souvient vaguement du temps où l'endroit n'était qu'un village peuplé de maisons en bois dont les habitants travaillaient pour beaucoup au sovkhoze voisin. Force est de constater que, en dépit des « grands airs » qu'on s'y donne parfois, la Russie d'aujourd'hui est un pays de paysannerie urbaine, y compris dans sa capitale, vitrine du capitalisme retrouvé.

Celui qui ne serait pas venu en Russie depuis la disparition de l'URSS serait bien surpris aujourd'hui. Sur les murs des villes, il lirait comme dans un livre ouvert ce qu'est devenue la société russe. Les publicités autrefois inexistantes ont envahi une grande partie de l'espace disponible. Les marques étrangères sponsorisent travaux et panneaux indicateurs… Et cela se voit. Les allégories à la gloire de l'ancien régime s'effacent progressivement, démontées ou victimes de leur « mort naturelle », faute d'entretien. Ce qui n'a pas changé : les innombrables annonces pour les spectacles, comme un souvenir du temps où la culture participait à l'éducation du peuple.

DOUBLE PAGE PRÉCÉDENTE
À toute heure, la foule se presse sur la perspective Nevski, artère principale de Saint-Pétersbourg.
À GAUCHE
Des affiches de spectacles dans une rue de Saratov.
À DROITE
Un mur peint dans une cour d'école, Tiksi, Sibérie orientale.
On solde chaussures et articles de parfumerie !

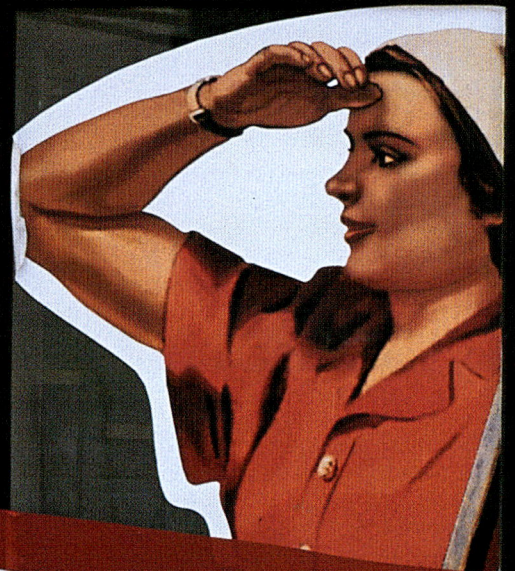

Les villes du plus grand pays du monde

ne sont pas les plus vastes que l'on puisse trouver, mais Moscou s'inscrit tout de même sur une superficie de 1 060 km², tandis que Saint-Pétersbourg couvre 606 km² (à titre de comparaison, Paris s'étend sur 105 km²). Autant dire qu'il faut pouvoir s'y déplacer, et ce, alors que pendant longtemps les voitures particulières sont restées une exception. Bus, tramways, trolleys et métros sillonnent les agglomérations russes. Mais pour aller d'un point à un autre, les citadins font aussi du stop. Il suffit de tendre le bras pour voir s'arrêter un automobiliste, de lui annoncer sa destination puis de convenir d'un prix. En route !

À GAUCHE
Un taxi dans le quartier de Kitaï Gorod, Moscou.
Une bouche de métro, Saint-Pétersbourg.
Une parade de pompiers un 27 mai, jour de la fête de la ville, Saint-Pétersbourg.
Festivités à Saint-Pétersbourg.
Dessin sur céramique, Ukraine, XIXᵉ siècle.
Rue des Arméniens, Saratov.
Des cabines téléphoniques dans le métro, Moscou.
Des tramways, Moscou.

À DROITE
La station de métro Mendeleïevskaïa, Moscou.
Dans un wagon du métro moscovite.
La station de métro Bielorousskaïa, Moscou.

Moscou agit comme
un aimant. Elle fascine,
attire, génère des espoirs ;
tout semble y être possible.
Beaucoup de choses y sont
plus faciles qu'ailleurs
en Russie. Beaucoup y sont
plus difficiles aussi. Trouver
un travail : facile. La ville
évoque un peu une chaudière
à charbon à l'ancienne :
elle a besoin de toujours
plus de bras et de cerveaux
pour fonctionner. Se loger :
difficile. Autant le marché
de l'emploi est souple, autant
celui du logement est figé.
Un paradis pour les marchands
de sommeil. Ici, on gagne
plus d'argent qu'ailleurs
à travail égal, mais tout est
plus coûteux, à tel point que
la métropole est aujourd'hui
considérée comme l'une
des villes les plus chères
du monde.

À GAUCHE
La circulation quai du Kremlin, Moscou.
À DROITE
Sur la place Rouge, Moscou.

Lorsque la nuit tombe, le centre historique de la capitale s'illumine et se vide. Les visiteurs ont quitté le territoire du Kremlin désormais livré aux gardiens en faction et aux spectres. Dans les rues voisines du Zariadié, les fantômes du passé ressurgissent aussi dans les monastères désaffectés et les églises en cours de restauration. Dans les galeries marchandes reconverties en salle d'exposition, on entend, comme étouffés par le temps, les pas et les voix des *kouptsi*, les riches commerçants d'autrefois immortalisés dans les tableaux de Koutodiev avec leurs pelisses et leurs bedaines de bon aloi.

À GAUCHE
La rue Varvarka dans le quartier du Zariadié, l'un des plus anciens de Moscou. Sur la droite : les galeries marchandes du Gostiny Dvor.
À DROITE
Vue sur le Kremlin depuis la Moskova, Moscou.

Le temps est cruel.
Le froid aussi.

Constructions anciennes
ou bâtiments érigés à la va-vite,
tous souffrent. Les rénovations
et les réparations sont
un traitement de faveur mené
à bien là où il y a de l'argent,
quand il y en a… Autant
dire dans peu d'endroits.
Et encore, de quoi parle-t-on ?
Les grands travaux effectués
pour le 300e anniversaire
de la fondation de Saint-
Pétersbourg ont été critiqués
par de nombreux habitants
de la ville. « On se croirait
dans un village Potemkine ! »
disaient-ils alors en faisant
référence à ces décors
de carton-pâte que le général
Potemkine installait le long
du trajet de la tsarine
Catherine II à qui on voulait
faire croire que tout était beau
dans son Empire : derrière
la façade, c'est le vide.

À GAUCHE
La gare de Biélorussie, Moscou.
Rue Rachmaninov, Rostov-le-Grand.
Dans le centre-ville, Astrakhan.
À DROITE
Articles à vendre dans les rues
de Tioumen, Sibérie occidentale.
Norilsk, Sibérie centrale.
Tioumen, Sibérie occidentale.
Anadyr, Sibérie orientale.
Tiksi, Sibérie orientale.
PHOTOGRAPHIES ANCIENNES
À GAUCHE Scène de rue, Tiflis
(actuelle Tbilissi, Géorgie), vers 1914.
À DROITE La promenade du front
de mer, Yalta (Ukraine actuelle),
début du xxe siècle.

150

« Là-bas, à Moscou et à Saint-Pétersbourg :
les deux faces d'une même médaille,
séparées par six ou sept heures à peine d'un sommeil paisible
dans un compartiment de train, [...] liées entre elles
comme le cœur et l'esprit, comme Sophie et Pierre,
comme la folie d'un grand tsar et le projet fou
des ancêtres (même si c'est pour le rejeter)…
Comme *Le Voyage de Saint-Pétersbourg à Moscou* de Radichev
est lié au voyage en sens inverse de Pouchkine ; liées
par leur opposition, et — indissociable de cette opposition —
par un attachement amoureux réciproque : deux grandes villes,
érigées au-dessus des taillis, des forêts et des marais,
deux frégates paradant au milieu des navires marchands
et des barges ventrues… »

Vassili Golovanov, *Éloge des voyages insensés*

Véritable ville dans
la ville avec ses trois
niveaux d'avenues, de ruelles,
de passages, de passerelles
et ses innombrables boutiques
comme mises sous cloche
sous d'imposantes verrières,
le Goum (« grand magasin
d'État ») occupe tout un côté
de la place Rouge. On était
sûr autrefois d'y trouver tout
ou presque, des stylos à bille
aux bottes fourrées – enfin,
selon les arrivages. On y trouve
désormais tous les grands
noms du luxe occidental.
Pour la plupart des visiteurs,
l'endroit est devenu une sorte
de musée de l'inaccessible.
Le bâtiment fait, de façon
un peu ironique, face
au mausolée de Lénine.

DOUBLE PAGE PRÉCÉDENTE
Un visage inattendu de Mocou :
une bicoque près du pont Jivopisni,
au nord-ouest de la ville.
À GAUCHE ET À DROITE
Le Goum, Moscou.

« Il était visible que cette ville vivait
de toutes les forces de sa vie propre. Les indices indéfinissables
à l'aide desquels on distingue même à distance
un corps mort d'un corps vivant faisaient sentir
à Napoléon du haut de Poklonnaïa la palpitation de la cité
et comme l'haleine de ce corps vaste et magnifique.
Tout Russe qui contemple Moscou sent en elle
une mère ; tout étranger qui la regarde, sans connaître
sa signification maternelle, reste cependant frappé
du caractère féminin de la ville. »

Léon Tolstoï, *Guerre et Paix*

À DROITE
Dans un appartement collectif.

La ville change
sous les yeux
des passants,
sous leurs regards
enthousiasmés, sceptiques,
résignés ou indifférents.
Chaque année, il faut refaire
le revêtement des routes
mises à mal par le froid
qui fissure le bitume.
Un luxe que peu de villes
peuvent s'offrir. Quant
aux logements…
Si les municipalités
ont peu de moyens, les
particuliers, pour la plupart,
ne sont pas mieux lotis.
Généralement privatisés
dans les années 1980,
les appartements
appartiennent désormais
à des gens qui n'ont pas
l'argent nécessaire pour faire
fonctionner correctement
leurs copropriétés.

À GAUCHE
Des travaux de voierie,
Saint-Pétersbourg.
À DROITE
Dans un autobus, Norilsk.

PAYS DE FERVEUR

18 h 30, oulitsa Lensovieta (« rue du Soviet de Leningrad »). L'église de Tchesmé, construction rose et blanc en forme de trèfle, délicate et ravissante, se détache dans la pénombre. Des hommes et des femmes entrent et sortent. Pétersbourgeois de toujours ou d'un jour, ils s'arrêtent en passant pour allumer un cierge, faire une petite prière. Elles ont la tête couverte, ils ôtent leur chapeau. Génuflexion devant une icône, signe de croix dans un mouvement de droite à gauche : front, poitrine, épaule droite, épaule gauche. Le pouce, l'index et le majeur sont liés, figurant la Trinité, l'annulaire et l'auriculaire sont repliés dans la paume pour signifier la double nature du Christ. Quelques instants de recueillement dans un lieu hors du temps avant de replonger dans le monde terrestre et son cortège de soucis…

La scène, qui se déroule dans le Saint-Pétersbourg d'aujourd'hui, se reproduit tout au long de la journée. Ici comme ailleurs, beaucoup de Russes ont repris le chemin de l'église et ils semblent bien s'en porter. Ils avouent qu'ils ne pourraient plus faire sans, et que d'ailleurs, aux temps moins favorables de l'URSS, ils n'avaient pas perdu la foi. Leur tâche n'était pas aisée dans un État qui avait fait sien un certain nombre de préceptes énoncés par Karl Marx. « La religion [...] est l'opium du peuple », affirmait le théoricien en 1843, avant d'ajouter : « Le véritable bonheur du peuple exige que la religion soit supprimée en tant que bonheur illusoire du peuple. » Ainsi fut-il. Dans la Russie des soviets, les églises furent démolies, ou, au mieux, transformées en casernes, entrepôts, cinémas… voire en musées de l'athéisme. Les métaux récupérés furent fondus, les icônes détruites et les matériaux réutilisés jusque dans les stations du métro moscovite. Les membres du clergé furent persécutés, les fidèles aussi. Pendant la période soviétique, peu d'églises demeurèrent ouvertes au culte et les croyants firent profil bas : les baptêmes se faisaient en secret et les rares mariages religieux n'étaient pas reconnus.

Quelques décennies plus tard, l'URSS est morte. La « Grande Russie » est revenue et ses habitants ont retrouvé la foi. Hommes ou femmes, ils n'hésitent pas à porter à leur cou une croix – pas n'importe laquelle : la croix orthodoxe, reconnaissable à ses trois bras horizontaux, dont celui du bas possède des extrémités inclinées, l'une surélevée, indiquant la direction du ciel qui attend les repentis, l'autre penchée vers le bas, vers l'enfer. Dans un pays qui traverse alors une grave crise économique, on semble toujours trouver les moyens de restaurer

> **" On vit sans père, sans mère,
> mais on ne vit pas sans Dieu "**
>
> Léon Tolstoï

les édifices religieux. Il faut dire qu'il y a fort à faire. Partout se dressent des échafaudages. Les églises sont repeintes, leurs coupoles redorées. La plus emblématique d'entre elles, la cathédrale du Christ-Sauveur à Moscou, a été reconstruite à l'identique en un temps record ; dynamitée dans les années 1930, elle devait laisser la place à un monumental palais des Soviets, projet abandonné au profit… d'une piscine découverte qui fit la joie de deux générations de Moscovites. Coiffée d'or, la masse de marbre écrase de nouveau tout ce qui l'environne.

À l'intérieur, dans cette église ou dans une autre, le sentiment est un peu le même. Les offices et les célébrations font prendre aux fidèles la mesure de leur humilité. Dans des lieux de culte richement décorés, embrumés par les vapeurs d'encens, ils sont cantonnés debout dans la nef, tandis que le clergé officie dans le sanctuaire, caché par l'iconostase. Pas de musique instrumentale car les instruments de musique, dépourvus d'âme, n'ont pas droit de séjour dans les lieux saints. Les chants et les prières *a cappella* résonnent entre les murs, composant une mélodie envoûtante. La communion s'opère dans une atmosphère de mystère… Aujourd'hui, si les Russes ne se marient pas forcément religieusement, ils entrent volontiers, même sur le tard, dans la communauté des chrétiens et ils y font entrer leurs enfants. Ils célèbrent aussi

avec ferveur Pâques, la fête des fêtes chez les orthodoxes, commémoration de la résurrection du Christ. « *Khristos voskrès* », « *Vo istinié voskrès* » (« Christ est ressuscité », « Il est vraiment ressuscité ») : paroles magiques de la veillée pascale et mots échangés par les croyants le dimanche de Pâques.

Les Russes ont retrouvé la foi… L'ont-ils jamais perdue ? Dans un pays où l'orthodoxie est autant un signe d'indentification nationale que de croyance, les choses ne sont pas aussi simples qu'ailleurs. L'histoire même de la Russie débute dans l'eau bénite, avec le baptême du grand-prince Vladimir de Kiev en 988. Plus tard, dans un territoire en proie aux invasions mongoles, la religion est demeurée un ferment d'unité. Au xvᵉ siècle, Moscou s'est parée du titre de « troisième Rome » : lourde responsabilité… Pour certains, tous les malheurs de la Sainte Russie ont commencé quand le peuple s'est détourné de l'Église. Pierre le Grand, grand importateur des idées et des techniques de l'Occident au début du XVIIIᵉ siècle, serait l'artisan de la catastrophe. La suite de l'histoire est connue. La Russie est un pays à part, ce qu'elle revendique aussi sur le plan de son rapport à la religion.

Une église orthodoxe
est un monde dans lequel
les non initiés doivent
apprendre à s'orienter.
Le chœur est toujours à l'est
car le Christ, lumière
du monde, est né et mort
en Terre sainte. La partie
ouest symbolise le crépuscule
et c'est ici que se trouve
le narthex, où se tiennent
les repentants et les
catéchumènes. Les éléments
du décor sont conçus comme
un livre qui se lit de haut
en bas et qui contient
l'histoire de l'humanité
depuis le péché originel.
Le lieu même est un cosmos
où s'opère la rencontre
entre les vivants, ceux qui ont
vécu et ceux qui vivront,
où tous participent au dessein
de Dieu sur le monde.

Св: ПЕТРЪ митроп. МОСК:

« Chez les paysans russes,
les icônes et les samovars se transmettent
par héritage. Ce sont les biens les plus précieux
de la maisonnée. Un de leurs proverbes dit :
"Si ta maison brûle, emporte d'abord l'icône et le samovar,
et les enfants après." Selon eux, d'autres enfants viendront
mais si l'icône est perdue, les saints seront fâchés,
et un samovar coûte très cher. »

Thomas Stevens, *La Russie à cheval*

170

La religion tant combattue par le pouvoir soviétique s'est indéniablement perpétuée à travers les pratiques auxquelles beaucoup de Russes, en particulier ceux originaires de la campagne, ont continué à être plus ou moins fidèles par tradition familiale. Mais il ne faut pas négliger le rôle de la littérature. En URSS, on n'a jamais cessé de lire les romans de Tolstoï et de Dostoïevski, qui ont même souvent été adaptés en films. Traversées par les questions du Bien et du Mal, de la culpabilité, de la rédemption et de l'existence de Dieu, ces œuvres, qui décrivent aussi des rites et des lieux saints, ont contribué à entretenir le souvenir de la foi.

À GAUCHE
Des fidèles dans une église de Podolsk, oblast de Moscou.

À DROITE
Une procession pascale à la laure de la Trinité-Saint-Serge, Serguiev Possad.

Dans la Russie
d'avant la Révolution,
on dénombrait
1 250 monastères,
150 000 moines,
55 000 églises orthodoxes,
14 000 mosquées et
6 000 synagogues.
On estime qu'aujourd'hui
quelque 700 monastères,
27 000 paroisses,
5 000 mosquées et
80 synagogues auraient repris
du service. Du point de vue
des autorités religieuses, ces
chiffres sont encourageants :
les Russes ont retrouvé
le chemin des lieux de culte.
Et comme on n'arrête pas
le progrès, il est possible
de commander des prières
par e-mail pour une somme
forfaitaire ou en effectuant
un don.

À GAUCHE
Des fidèles au monastère de Diveïevo,
oblast de Nijni-Novgorod.
Détail d'une cloche.
Une procession religieuse dans le village
de Kondatovo, oblast de Iaroslavl.
Une bible en slavon.
Dans un atelier d'icônes, 1903.
Chants liturgiques dans une église
de Saint-Pétersbourg.
Une fidèle au monastère de Diveïevo,
oblast de Nijni-Novgorod.
À DROITE
Dans une synagogue.
Des signes du passage des chamans
dans l'Altaï, face au mont Belukha.
L'inauguration de la mosquée
Koul-Charif, Kazan, république
du Tatarstan, 2005.
PHOTOGRAPHIES ANCIENNES
À GAUCHE Le monastère de Troïsta,
environs de Moscou, vers 1906.
À DROITE Une petite église, quelque part
en Sibérie, vers 1910.

« Dans le charivari, des chœurs de femmes chantent
Les tendres églises, chacune avec un autre son.
Semblables à des arcs de hauts sourcils me hantent
Dans les arches de pierre de la Dormition.

Depuis les remparts fortifiés par les archanges,
Admirable hauteur – la ville m'apparut.
Et la tristesse entre les murs de l'Acropole m'a rongé
À l'idée d'un nom russe et d'une beauté russe.

Dans l'indigo brûlant où des colombes volent
Ô ! prodige ! un jardin m'apparaît tout à coup,
Bien qu'une nonne chante des notes slavones.
Ô tendre Dormition ! Florence est dans Moscou !

Les cathédrales de Moscou me remémorent
Avec leur âme à la fois italienne et russe
Et leurs cinq coupoles la naissance d'Aurore,
Mais avec un nom russe et en pelisse de fourrure ! »

Ossip Mandelstam, « Tristia », dans *Tristia et autres poèmes*

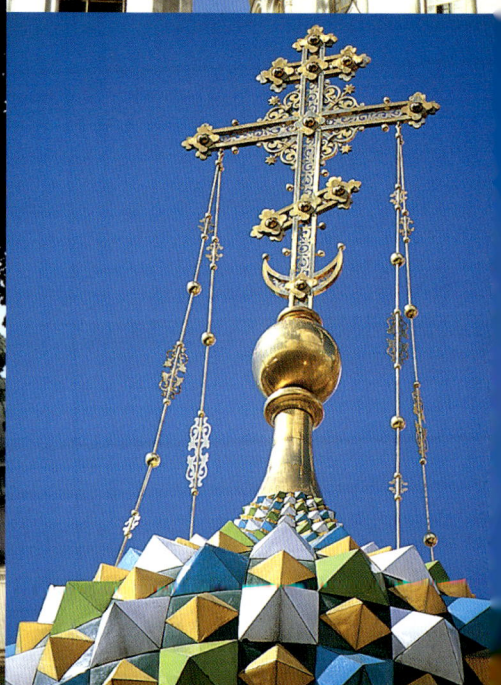

Les coupoles à bulbes ou à chatior (heaume) participent d'un monde de symboles qui se lit dans le ciel des villes de la Russie ancienne. Ainsi, une seule coupole symbolise Dieu, trois coupoles expriment le dogme trinitaire, cinq figurent le Christ et les quatre évangélistes, sept, les sept sacrements de l'Église, treize, le Christ et les apôtres. Les couleurs ont aussi une valeur : l'or, symbole de la gloire de Dieu, est réservé aux édifices dédiés au Christ et aux douze grandes fêtes ; le bleu étoilé, à ceux consacrés à la Vierge ; le vert, au Saint-Esprit.

À GAUCHE
La laure de la Trinité-Saint-Serge, Serguiev Possad.
L'église de la Résurrection, Kostroma.
La cathédrale du Christ-Sauveur, Moscou.
Le monastère Alexandre-Svirsky, région de Leningrad.
La laure de la Trinité-Saint-Serge, Serguiev Possad.
Le monastère de la Transfiguration-du-Sauveur, Iaroslavl.
L'église de la Résurrection, Saint-Pétersbourg
Dessin sur céramique, Ukraine, XIXᵉ siècle.
La cathédrale Saint-Basile-le-Bienheureux, la place Rouge et le Kremlin, Moscou.
La collégiale Notre-Dame-de-Smolensk, monastère Novodievitchi, Moscou.
La cathédrale de l'Annonciation, Kazan.
Le monastère Saint-Cyrille-du-Lac-Blanc, Goritsy.

À DROITE
L'église de la Vierge-Hodighitria, Rostov-le-Grand.
La cathédrale Saint-Nicolas-des-Marins, Saint-Pétersbourg.
La cathédrale de la Transfiguration et l'église de l'Intercession-de-la-Vierge, île de Kiji, lac Onega.

Comme la plupart des églises de Saint-Pétersbourg, la cathédrale de la forteresse Pierre-et-Paul ne ressemble pas à un lieu de culte à la mode russe. Réalisée entre 1714 et 1733, sur les plans de Domenico Trezzini, elle possède une décoration baroque qui évoque plutôt celle d'un palais avec ses hautes fenêtres, ses lustres de cristal, ses angelots, ses bronzes dorés et ses colonnes peintes imitant le marbre. C'est ici que reposent la plupart des tsars de Russie depuis le XVIIIᵉ siècle. Ils ont été rejoints par Nicolas II et les siens en 1998, à l'exception de la grande-duchesse Anastasia et du tsarévitch Alexis, dont les dépouilles n'ont été retrouvées qu'en 2007.

DOUBLE PAGE PRÉCÉDENTE
Une procession religieuse au monastère Saint-Boris-et-Saint-Gleb, Kondatovo, oblast de Iaroslavl.

À GAUCHE
L'iconostase baroque de la cathédrale Saint-Pierre-et-Saint-Paul (1720), forteresse Pierre-et-Paul, Saint-Pétersbourg.

À DROITE
Dans la cathédrale Saint-Pierre-et-Saint-Paul, forteresse Pierre-et-Paul, Saint-Pétersbourg.
Un jeune garçon participant à une procession religieuse dans le village de Kondatovo, oblast de Iaroslavl.

180

ПРЕСВЯТАЯ БОГОРОДИЦЕ, СПАСИ НАС

DES BAINS À LA MER

Selon une légende, le Dniepr, la Volga et la Dvina, trois des grands cours d'eau de la Russie occidentale, étaient autrefois des personnes, un frère et deux sœurs. Orphelins depuis leur plus tendre enfance, vivant dans un dénuement extrême, ils travaillaient dur sans jamais gagner plus que leur pain quotidien. Ils décidèrent de partir à la recherche d'un endroit où vivre des jours meilleurs, un lieu où, loin des contingences matérielles, ils pourraient devenir des fleuves et couler des jours heureux. Ils marchèrent près de trois ans avant de choisir l'emplacement où chacun ferait son lit. Alors qu'ils passaient la nuit près d'un marécage, les sœurs se levèrent pour aller occuper deux jolis sites tranquilles en pente douce. Lorsqu'il se réveilla, leur frère, furieux de voir qu'elles ne l'avaient pas attendu, se lança à leur poursuite. En vain : chacun des fleuves suivrait désormais son cours, rapide pour le Dniepr en colère, paisible pour la Volga et la Dvina.

Notoriété, longueur : la sœur Volga a le mieux réussi. *Matouchka* (« petite mère ») Volga, comme on l'appelle ici affectueusement, tient une place à part dans l'histoire du pays et le cœur de ses habitants. Trait d'union entre la taïga et la steppe, le plus long fleuve d'Europe effectue un parcours de 3 690 kilomètres qui s'achève dans la mer Caspienne. Toutes sortes de maximes et de sentences lui sont dédiées : un proverbe dit que « ceux qui ont goûté l'eau de la Volga, qui ont admiré la beauté du fleuve, reviendront », tandis que pour l'écrivain Ivan Tourgueniev « Dieu habite la Volga » et pour Evgueni Markov « la Volga est la Russie elle-même – son peuple, son histoire, sa nature ».

Descendre ce fleuve mythique, c'est un peu emboîter le pas aux aventuriers d'hier, comme Alexandre Dumas, qui fit le voyage en 1858. Les vapeurs ont cédé la place à des bateaux de croisière nés dans les années 1980 en Allemagne de l'Est. À une allure de 26 km/h, ils emportent leurs passagers de Moscou à Astrakhan, confronter l'image qu'ils ont de la Russie à une certaine réalité. Le circuit emprunte d'abord un canal et remonte en direction du nord, vers la retenue de Rybinsk, immense lac artificiel créé dans les années 1930.

> « ...le printemps arctique, impétueux et tendre,
> humide et radieux, débarrassait
> la Neva lumineuse comme une mer,
> en emportant par paquets sa glace brisée ! »
>
> Vladimir Nabokov

Coût de l'opération : 700 villages, 4 000 hectares de terres cultivées, des milliers d'hectares de forêts inondés. Résultat : une eau verdâtre du fait de la décomposition de la terre et des arbres, des poissons décimés faute d'oxygène, des millions de personnes sans eau potable, des clochers qui émergent çà et là, tristes témoins d'un monde à jamais englouti... La Volga prend alors la direction du sud, qu'elle ne quittera plus. Ouglitch, Iaroslavl, Kostroma : sur les rives, successions de monastères et de kremlins, sur les quais, ballets de grands-mères venues vendre un châle ou un bouquet de fleurs...

Le spectacle et surtout l'ambiance changent à Nijni-Novgorod. Tous les éléments du décor sont là, mais la ville située au confluent de l'Oka est aussi un des grands centres industriels du pays. Pas de commentaires sur la qualité de son eau. C'est l'ancienne Gorki, rebaptisée un temps en mémoire de l'écrivain qui y vit le jour et travailla tout gosse sur les docks. Que pensait-il le jeune Alexeï Maksimovitch Pechkov, en déchargeant les ballots et en s'épuisant au halage des bateaux ? Nul doute qu'il a croisé là les vagabonds et les déclassés qui peupleraient son œuvre. La Volga lui a laissé un goût amer, *gorki*, le pseudonyme qu'il se choisit.

Kazan, Samara, Saratov : le paysage n'est plus le même. Ici, c'est le début de la steppe, le territoire des Tatares, un léger parfum d'Orient monte depuis les berges. Volgograd : le parfum est plus lourd. L'ombre de la Mère patrie plane sur la « petite mère » Volga. Du haut de sa colline, une géante de béton armé, haute de 52 mètres, brandit son épée face à tous ceux qui oseraient s'en prendre de nouveau à ses enfants : ils ont eu l'occasion de prouver leur héroïsme, pendant l'une des batailles les plus incroyables de la Seconde Guerre mondiale, au temps où la cité s'appelait Stalingrad. Astrakhan, « l'Étoile du désert » des Tatares, n'est plus très loin. À l'époque où il y séjourna, Dumas notait déjà que l'eau de la Volga y était saumâtre... en raison du contact de la mer Caspienne. Le caviar qui faisait sa notoriété a disparu. Il est interdit à l'exportation, ce qui n'empêche pas les touristes de s'en voir proposer sous le manteau. Voilà. Le voyage est terminé. Attention : il peut laisser un goût étrange. Il laisse en tout cas plus de questions que de réponses.

Les phoques du lac Baïkal reviennent de loin. Ils font partie des quelque 1 200 espèces animales qui vivent dans le plus grand réservoir d'eau douce du monde : 31 500 km², 1 740 mètres de profondeur maximale et 20 % du volume d'eau douce de surface à l'état liquide de la planète. Les scientifiques pensent qu'ils sont arrivés là en remontant les fleuves depuis l'Arctique, sans doute à l'époque glaciaire. Il faut dire qu'ils ont eu l'embarras du choix puisque le lac est alimenté par plus de 300 cours d'eau. Depuis les années 1980 et la création d'une réserve naturelle, ils sont protégés — au moins dans cette zone de 170 000 hectares — des méfaits de la pollution des hommes qui n'a pas épargné la « perle de Sibérie ».

DOUBLE PAGE PRÉCÉDENTE
La vallée de la Kalguty, à la frontière entre la Russie et la Chine, Altaï, Sibérie orientale.
À GAUCHE
Des phoques du lac Baïkal, parc national Pribaïkalski, Sibérie centrale.
À DROITE
Un habitant de Tiksi, port de la presqu'île du Taïmyr, sur la mer des Laptev (océan Arctique).

« La mer Baltique (si c'est la Baltique)

est d'un bleu foncé sublime ; bleu-gris — et non bleu-vert —

comme la Méditerranée, la couleur de l'Oka à l'automne,

elle me plaît infiniment, je ne comprends pas du tout

ce Suédois, le docteur Axel [...], parti pour toujours à Capri.

Aimer le Sud — c'est vraiment trop banal,

la seule chose permise aux Nordiques — en rêver.

Sinon — il y a là toute la bassesse de l'adultère. »

Marina Tsvetaeva, *Vivre dans le feu*

En Russie, les poissons font des miracles !

L'histoire du petit poisson d'or fait partie des contes populaires consignés par Pouchkine, qui tenait l'histoire de sa nourrice paysanne, qui elle-même l'avait entendue de la bouche de sa mère… Pris un beau jour dans les filets d'un pauvre pêcheur, un petit poisson d'or promit au vieillard d'exaucer tous ses vœux en échange de sa liberté. Mais l'épouse du pêcheur se montra insatiable, demandant toujours plus. Le jour où elle voulut devenir reine de la mer et faire du poisson son serviteur, l'animal décida de reprendre tout ce qu'il avait accordé, ne laissant à la femme que ses yeux pour pleurer…

À GAUCHE
Des poissons pris dans le lac Nero, Rostov-le-Grand.
Un marchand de poissons frais, fin du XIXᵉ siècle.
À DROITE
La rivière Alach et les monts Saïan, république de Touva, Sibérie centrale.
Un bateau de croisière à Kostroma.
La rivière Oma, district autonome des Iamalo-Nenets, Sibérie occidentale.
Dans le parc national Pribaïkalski, sur les rives du lac Baïkal, Sibérie centrale.
Des cabanes de pêcheurs sur les rives de la Volga.
Paysage de la mer de Sayan, Sibérie occidentale.
Un *Paradoxornis polivanovi*, région de l'Oussouri, Sibérie orientale.
Le golfe de Kandalakcha, mer Blanche.
PHOTOGRAPHIES ANCIENNES
À GAUCHE Une petite embarcation sur l'Amour, Sibérie orientale, vers 1905.
À DROITE Sébastopol (Ukraine), vers 1907.

On connaît la
propension des Russes
à boire de la vodka.
On connaît moins la passion
qu'ils vouent aux eaux
minérales. Plus de 40 marques
différentes sont vendues
à travers le pays et les plus
réputées viennent du Caucase,
région de montagnes
et de sources pures. La Narzan,
l'une des plus anciennes
et des plus fameuses, est mise
en bouteille dans la région
de Kislovodsk depuis 1894,
la Smirvovskaïa, la Teberda,
la Eliseievskaïa, la Elbrouz
viennent aussi du territoire
de Stavropol, où des villes
comme Mineralnie Vodi
(littéralement « eaux
minérales ») et Piatigorsk
ont fait les beaux jours
des curistes depuis
le XIXe siècle. Elles sont
proches de la Tchétchénie
et de l'Ingouchie, et on n'y
vient plus guère se refaire
une santé...

À GAUCHE
Un torrent dans une réserve naturelle
de la république de Kabardino-Balkarie,
Caucase central.
À DROITE
Un échantillon de la flore du Caucase.
Un habitant d'une réserve naturelle
de la république de Kabardino-Balkarie,
Caucase central.

« Olga, debout sur le pont d'un des vapeurs
qui font le service sur la Volga, regardait alternativement l'eau
et le magnifique rivage. Debout près d'elle,
Riabovski lui expliquait que les ombres noires
sur l'eau ne sont pas des ombres mais des songes,
que devant cette eau enchanteresse aux reflets fantasmagoriques,
devant ce ciel insondable et ces rives mélancoliques
et rêveuses qui parlent de la vanité de notre vie
et de l'existence de quelque chose de sublime,
d'éternité, de félicité, on aimerait perdre conscience,
mourir, devenir un simple souvenir. »

Anton Tchekhov, « La Cigale », *Récits de 1892*

Elle a beau se trouver au centre de l'Europe, au milieu d'une plaine sans grand relief, la capitale de la Russie est reliée à cinq mers – la Baltique, la Blanche, la Noire, la Caspienne et la mer d'Azov – grâce à un efficace réseau de canaux construit au prix de travaux pharaoniques et de nombreux sacrifices : villages rayés de la carte, populations déplacées, patrimoine architectural anéanti… Sans parler du coût humain : la main-d'œuvre employée à la réalisation du canal Moskova-Volga, aménagé à la fin des années 1930, était pour l'essentiel constituée de prisonniers du goulag. Mais ce canal, comme les autres, s'est révélé fort utile : le transport fluvial occupe toujours une place importante en Russie.

DOUBLE PAGE PRÉCÉDENTE
Kaliazine, sur la Volga, dans l'oblast de Tver. Les habitants de la ville noyée par les eaux lors de la création du réservoir d'Ouglitch, en 1940, furent réinstallés en amont. Le monastère Makarievski (XVe siècle) fut englouti par les flots ; seul ce clocher qui surnage rappelle encore qu'il a existé.
À GAUCHE
Une écluse du canal Moskova-Volga.
À DROITE
Transport de bois sur la Volga.

**Eau et littérature,
fortune et infortune.**
On dit que le lac — artificiel —
de Novodievitchi (« nouveau
couvent des jeunes filles »)
aurait inspiré Tchaïkovski
pour *Le Lac des cygnes* :
les novices de blanc vêtues
comme modèles à la suite
de l'infortunée princesse
Aurore ? Pourquoi pas.
Même si la Moskova
et la Yaouza baignent Moscou,
l'eau est infiniment plus
présente à Saint-Pétersbourg,
construite sur plus de 40 îles
dans le delta de la Neva.
La cité compterait 75 canaux
que traverseraient quelque
80 ponts. Pouchkine a choisi
le canal d'Hiver pour l'une
des dernières scènes
de *La Dame de pique* :
c'est dans ces eaux sombres
et glacées, depuis le pont
de l'Ermitage, que Lisa,
ivre du malheur de la trahison,
met fin à ses jours.

À GAUCHE
Les murailles et les tours du monastère
de Novodievitchi, Moscou.
À DROITE
Le pont des Petites-Écuries,
Saint-Pétersbourg.

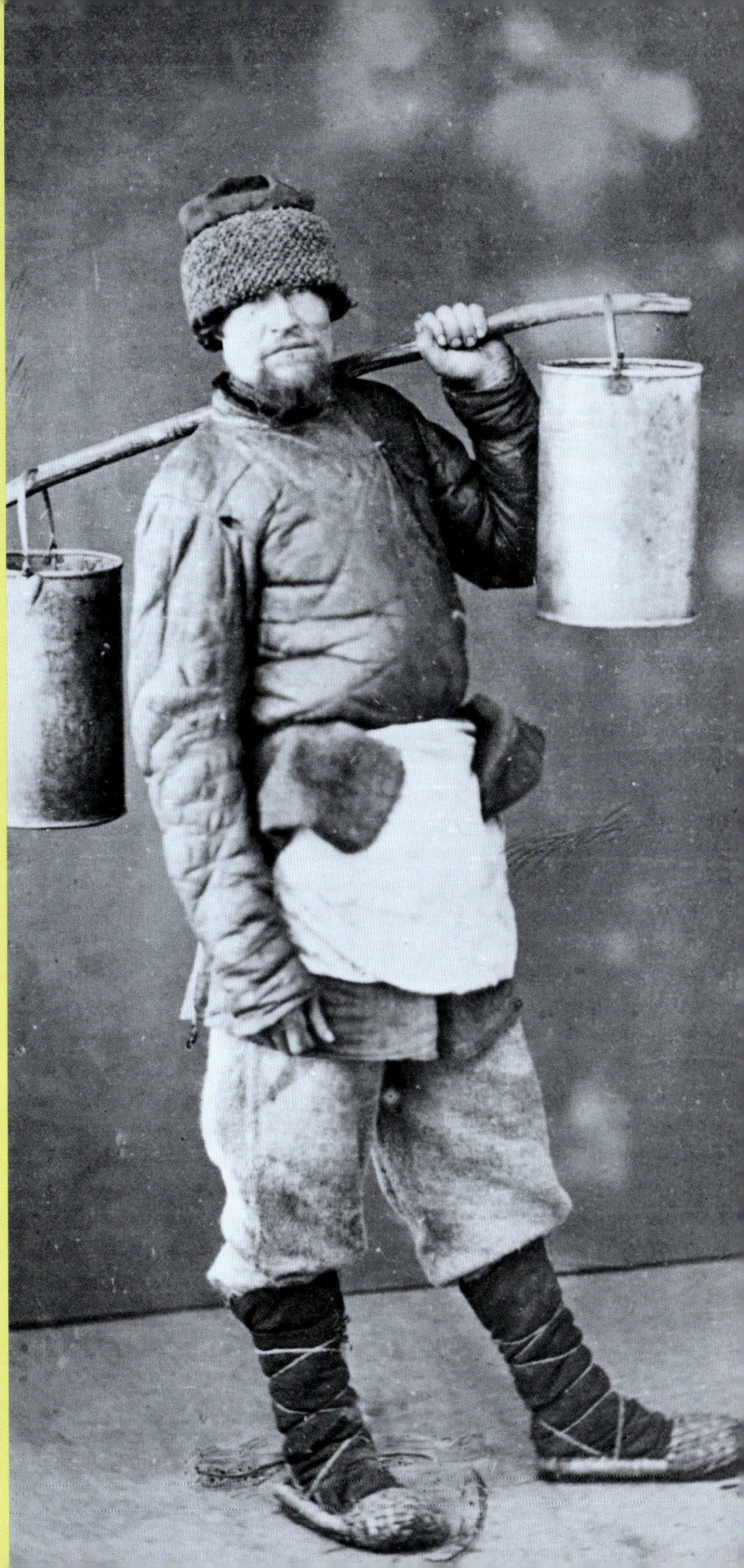

« Le Russe, si pauvre qu'il soit, ne saurait se passer de deux choses : de son thé deux fois par jour, de son bain une fois par semaine », constatait Alexandre Dumas lors de son voyage en Russie (1858). Sur ces deux points, les choses n'ont guère changé. Le bain russe, bain de vapeur unique en son genre, est un rituel, un plaisir et parfois une nécessité. À la campagne, c'est souvent le seul moyen de faire une toilette complète, car beaucoup d'habitations n'ont pas l'eau courante. En ville, c'est l'occasion pour des amis de se retrouver, pour des hommes d'affaires de signer des contrats, pour un certain nombre d'autres personnes de compenser l'insuffisance des installations sanitaires de leur domicile.

À GAUCHE
Les joies du *bania*, bain de vapeur
à la russe...
Dessin sur céramique, Ukraine,
XIXᵉ siècle.
À DROITE
Un porteur d'eau, fin du XIXᵉ siècle.

206

Les *morji* et les
catéchumènes prêts
au grand plongeon
quelle que soit la saison
restent une exception.
En Russie, on aspire plutôt
au réconfort de la chaleur
quand l'occasion se présente.
Les rivages de la mer Noire,
qui appartiennent désormais
en partie aux États nés
de l'éclatement de l'URSS,
ont longtemps attiré
les vacanciers charmés
par les promesses de leur
climat méditerranéen.
Aujourd'hui, ils ont
la possibilité de voyager
librement et ils n'hésitent pas
à aller goûter au soleil au-delà
des frontières quand ils
en ont les moyens financiers.
La mer serait-elle toujours
meilleure ailleurs ?

À GAUCHE
Un baptême dans la Neva en hiver,
Saint-Pétersbourg.
À DROITE
Dans les vagues de la mer Noire...

DES GOÛTS ET DES COULEURS ♥ 209

Les touristes qui déambulent parmi les stands du marché aux souvenirs de Saint-Pétersbourg ont l'air un peu perplexe. Ces poupées gigognes, ces boîtes laquées et ces plateaux fleuris, ils ont l'impression de les avoir déjà vus des dizaines de fois au cours de leur voyage. L'ouverture de la chasse aux cadeaux a sonné, celle des grandes décisions aussi : que rapporter de ce séjour en Russie ? Quoi et pour qui ?

Sans doute une matriochka. Elles sont nombreuses à quitter leur pays d'origine pour s'installer sur une étagère lointaine, dans une maison où l'on ne parle pas leur langue. Heureusement, elles sont en moyenne entre 8 et 12 – voire bien plus – ce qui leur permet de se sentir moins seules. Difficile de comprendre pourquoi cette poupée gigogne est devenue le souvenir russe le plus populaire. Le serait-elle toujours si la vérité était connue de tous ? « Matriochka », diminutif affectueux de « Matriona », un prénom paysan très répandu, a pour ancêtre Fukuruma, le dieu bouddhiste au visage allongé. Des marins russes voyageant en Extrême-Orient rapportèrent des statuettes à l'effigie du vieux sage. Le principe de ces figures qui s'emboîtent les unes dans les autres plu et fut adapté par des artisans russes ; la production décolla dans les années 1920 !

Et que dire des ravissantes boites laquées ornées de délicats motifs peints, un autre souvenir de choix ? Fabriquées à Fedoskino, Palekh, Mstiora ou Kholouï, quatre villages de la région de Moscou qui ont le monopole des « appellations contrôlées » en la matière, elles doivent leur multiplication au désœuvrement des peintres d'icônes après la Révolution ! Comme les images saintes, les miniatures en papier mâché sont peintes à la détrempe. Chaque école a ses sujets et ses couleurs de prédilection : personnages tirés de contes et scènes de la vie populaire à Fedoskino, du folklore et de la littérature à Palekh, des paysages à Mstiora – où le noir est banni –, des couleurs chaudes à Kholouï… Fabriquer le papier mâché en collant des bandes de carton tiré de conifères

> **« Ce ne sont pas les murs qui font une bonne maison, mais les gâteaux. »**
>
> Proverbe russe

séchées ; façonner la boite, l'enduire d'huile de lin et la cuire ; la dégrossir, la poncer ; appliquer la laque extérieure, généralement noire, et la laque intérieure, rouge ; dépolir la surface laquée ; tracer les contours du sujet par piquage à travers un calque et saupoudrage de craie. Peindre. Il faut encore procéder à la dorure à la feuille, au polissage avec une dent de loup, à l'application de cinq à sept couches de laque transparente de finition et au polissage final. Chaque objet comporte trois mentions : signature de l'artiste, nom de l'atelier, titre de l'œuvre. Certains valent de véritables petites fortunes : on comprend pourquoi. Mais attention aux imitations, « il y en a beaucoup », a dit la guide.

Pour une coquette, un pendentif en ambre, « l'or de la Baltique ». Pour une buveuse de thé, une tasse de l'ancienne manufacture impériale de porcelaine Lomonossov : le modèle le plus célèbre, croisillon bleu et doré sur fond blanc, était justement celui des souverains russes.

Quoi d'autre ? Le caviar, il paraît qu'on ne peut plus en sortir officiellement de Russie. La vodka. Direction n'importe quel magasin d'alimentation pour se retrouver devant des linéaires de bouteilles transparentes. Tant de marques ! Tant de parfums aussi : à côté de la nature, la limonaïa, au citron, la pierstovka, au piment, la zoubrovka, à l'herbe de bison…

Le miel. Il est à juste titre réputé. C'est au marché Kouznetchny que l'on trouve une des meilleures sélections. Cette grande halle couverte regorge de bonnes choses. En saison, les pyramides d'aubergines à la peau brillante et les cerises aussi grosses que des prunes, tout droit venues des anciennes républiques du Sud, composent une symphonie de rouges sombres des plus attirantes. Le rayon des saucissons est impressionnant, tout comme celui des poissons fumés. Et que dire de celui des fromages ? Qui aurait imaginé qu'on en fabriquait autant en Russie ! Les vendeuses de miel essaient d'attirer le client en offrant de goûter leurs produits. Elles tendent des petites cuillères ou des morceaux de papier : miel de tilleul, de sapin, d'églantier… Pollen, gelée royale, rayons de miel, et même des remèdes dont elles garantissent l'efficacité.

Le marché se trouve presque en face du dernier appartement qu'occupa Dostoïevski à Saint-Pétersbourg. On ne saura pas si la famille de l'écrivain se servait ici. L'édifice actuel a été bâti en 1927 et la guide n'a pas su dire ce qu'il y avait précédemment à cet emplacement.

211

Industriel et mécène,
le baron Stieglitz fonda
à Saint-Pétersbourg en 1876
l'École centrale du dessin
industriel. Avec l'idée d'offrir
aux étudiants les plus beaux
exemples des arts appliqués
pour modèle, il fit réaliser
plusieurs reconstitutions
et rassembla quantité
d'objets. C'est ainsi que
les élèves de l'école purent,
sans faire le moindre voyage,
pénétrer dans le palais
des Térems, résidence
des tsars au Kremlin
à la décoration caractéristique
du XVIe siècle russe,
et découvrir les costumes
des nombreuses provinces
de leur pays à travers
une incroyable collection
de poupées en habits
traditionnels.

DOUBLE PAGE PRÉCÉDENTE
Des matriochkas : le souvenir russe
le plus convoité !
À GAUCHE
Une reproduction du décor du palais
des Térems, musée Stieglitz,
Saint-Pétersbourg.
À DROITE
Vaisselle traditionnelle en bois laqué
de Khokloma.
Sur un marché aux souvenirs...

Faut-il faire un lien
entre climat et richesse
de l'artisanat ?
Nul n'est besoin d'être
un grand théoricien pour
imaginer que les longues
journées et les longues soirées
d'hiver ont été propices
au développement d'un
savoir-faire minutieux que
son excellence élève souvent
au rang d'art. Les récits des
voyageurs qui se sont rendus
au pays des Tchouvaches,
au centre de la Russie
d'Europe, ont toujours
vanté l'habileté des femmes
et la richesse de leurs
costumes brodés. Des motifs
simples mais de couleurs
vives qui évoquent à
l'occasion des formes
végétales. Sans doute pour
garder en tête que les beaux
jours reviendront.

À GAUCHE
Broderie traditionnelle, république
de Tchouvachie.
À DROITE
Sur les objets anciens, une iconographie
inspirée des contes et légendes russes.

« Est-ce que vous savez que nos bois
ont une odeur particulière, au printemps ?
C'est dû au parfum des pins, je pense. [...]
Et en automne, surtout dans les clairières des forêts de bouleaux,
les champignons arrivent avec les fraises
et les groseilles sauvages. En octobre,
vous verrez des familles entières se balader
dans les bois, avec leurs paniers.
La cueillette des champignons, chez nous,
c'est presque une maladie... »

Colin Thurbon, *Les Russes*

La Russie est un pays de bois, non de pierre.
De cette ressource abondante, les hommes ont tiré de quoi bâtir leurs maisons et leurs meubles, fabriquer leurs outils et leurs ustensiles, leurs chaussures et des jouets pour leurs enfants.
Les traditions ont encore de beaux jours devant elles. On trouve toujours des *laptis*, chaussons en écorce de bouleau tressée – même si aujourd'hui leur usage relève de l'anecdote –, de la vaisselle en bois verni de Khokloma, présente sur les tables depuis le XVIIe siècle, et des matriochkas, des jeunes femmes plus jeunes qu'il n'y paraît mais héritières d'un savoir-faire ancien, celui des œufs en bois peint s'emboîtant les uns dans les autres.

À GAUCHE
Les dessous des matriochkas.
À DROITE
Des cordonniers, fin du XIXe siècle.

Qui dit gastronomie russe pense caviar.
Une phrase qui pourrait bientôt s'écrire au passé. Certains experts estiment que d'ici à 2020 les esturgeons, ces inoffensifs « monstres marins » dont les œufs constituent le précieux mets, pourraient bien avoir disparu de la mer Caspienne où 90 % d'entre eux résident. Les raisons ? Surexploitation et braconnage : les poissons, pêchés trop jeunes, ne portent pas assez d'œufs et ne pourront pas se reproduire. Atteintes à l'environnement : les barrages construits sur la moyenne Volga ont contribué à perturber leur milieu naturel, tout comme les pollutions diverses. Les esturgeons en avaient pourtant vu d'autres, eux qui sont considérés comme des survivants de l'époque préhistorique…

À GAUCHE
Une «tricoteuse», république de Tchouvachie.
Gros plan sur un objet laqué.
Marché aux souvenirs d'Imaïlovo, Moscou.
Porte-verres traditionnels.
Décorations de Noël.
Une *volynka*, instrument de musique en peau de bœuf utilisé par les bergers, république de Tchouvachie.
À DROITE
Une coupelle de caviar sévruga.
PHOTOGRAPHIES ANCIENNES
À GAUCHE Un marchand de tapis à Tiflis (aujourd'hui Tbilissi, Géorgie), vers 1914.
À DROITE Un marchand de fleurs, début du XIXe siècle.

ОМУЛЬ
ПОСОЛЬСКИЙ
НЕПОТРОШЕНЫЙ
С ДУШКОМ
КГ
120р.

Le marché des produits laitiers est en pleine expansion en Russie. Les investisseurs étrangers considèrent ce secteur comme l'un des plus rentables dans le domaine de l'agro-alimentaire et on trouve désormais dans les rayons des magasins russes les mêmes yaourts et les mêmes desserts lactés que dans la plupart des pays européens. Il existe cependant un grand nombre de produits nationaux dont continuent à se régaler les Russes et que les étrangers découvrent avec curiosité : kéfir, boisson fermentée à base de lait de chèvre, *riajenka*, sorte de yaourt préparé avec du lait cuit au four qui lui donne une couleur beige et un goût grillé unique, *tvarog*, fromage blanc pressé…

DOUBLE PAGE PRÉCÉDENTE
Caviar rouge, caviar noir et abondance de poissons fumés sur un marché d'Irkoutsk.
À GAUCHE
Le marché Sennoï, Saint-Pétersbourg.
À DROITE
Des vendeuses de produits laitiers sur le marché Maltsevski, Saint-Pétersbourg.

226

« Madame Pojarsky, l'hôtesse par excellence,
est une de ces femmes hors de ligne, à laquelle la Providence
départit de loin en loin d'incommensurables mérites.
Madame Pojarsky, née dans les rangs obscurs
et dépourvue de fortune, se sentit tout à coup inspirée.
Son génie avait découvert qu'un nouveau besoin
se faisait généralement sentir en Russie : celui de griller
des côtelettes de veau. Éclairée à cet effet
par une sorte de rayon divin, notre illustre prédestinée
apparut au monde gastronomique avec un chef-d'œuvre nouveau :
des côtelettes Pojarsky. »

Victor d'Arlincourt, *Le Pèlerin. L'Étoile polaire*

230

Quand on manque de l'essentiel, on s'attache souvent au superflu… De cette expérience est demeurée la passion des femmes russes pour les ongles bien faits et pour les fleurs. Sur les marchés, à la sortie des métros, dans les rues, on trouve toujours un kiosque où acheter des fleurs, quelle que soit la saison. On en offre pour toutes les occasions, y compris les plus inattendues. Personne ne penserait à aller chercher un ami ou un parent, homme ou femme, à l'aéroport sans quelques fleurs, souvent une d'ailleurs. Ni deux ni quatre en tout cas : les bouquets pairs sont réservés aux funérailles.

À GAUCHE
Une petite échoppe de pain.
Le marché aux poissons, Astrakhan.
Un marché dans le quartier
Zamoskovrietchie, Moscou.
Un vendeur d'œufs sur le marché tatar,
Astrakhan.
Dessin sur céramique, Ukraine, XIXe siècle.
Des vendeurs de fleurs sur le marché
de Kostroma.
Le bazar : marchands de poissons,
Kharkov (Ukraine actuelle), vers 1906.
Le marché Maltsevski, Saint-Pétersbourg.
À DROITE
Sur un marché de Iaroslavl.
Sur un marché de Iaroslavl.
Sur un marché de Volgograd.

En Russie, les fruits
sont comme
des bonbons :
une friandise. L'été apporte
son lot de saveurs exotiques :
pastèques, melons, pêches
et abricots font le voyage
depuis le sud du pays
et les anciennes républiques
du Caucase et d'Asie centrale ;
bananes, kiwis, mangues
et agrumes ont pris l'avion
ou le bateau pour arriver
jusque-là. On les savoure
nature ou on en fait des
conserves et des confitures
que l'on ressortira pendant
les mois d'hiver. Leur
dégustation apportera
un rayon de soleil sur
les tables et mettra un sourire
aux lèvres.

À GAUCHE
Une jolie vendeuse sur le marché
de Kostroma.
À DROITE
Débauche de bonbons, dont les Russes
sont si friands, sur le marché tatar
d'Astrakhan.
Sur un marché de Volgograd : thés
et fruits secs.

AUX CONFINS DU MONDE

235

Michel Strogoff a manqué de peu le départ du Transsibérien. Courrier spécial du tsar, le personnage du roman éponyme de Jules Verne devait relier Moscou à Irkoutsk, capitale de la Sibérie orientale. Sa route fut semée d'embûches et de mauvaises rencontres. Évoluant au milieu d'une nature hostile, il dut affronter les traîtres et les perfides, les ours et les bourrasques, avec pour seule arme son courage et pour seul moyen de locomotion sa monture. Les aventures du héros « au corps de fer [...] et au cœur d'or » parurent en 1876 ; le premier tronçon d'une des lignes de chemin de fer les plus audacieuses jamais construites fut achevé douze ans plus tard. L'audace ? Elle réside dans ses 9 297 kilomètres de rails – et sept fuseaux horaires – de Moscou à Vladivostok, qui en font la voie ferrée la plus longue du monde. Dans les territoires traversés aussi : rien de moins que la Sibérie, ici dans sa partie sud, une région que la nature a dotée de nombreuses richesses et qu'elle a protégée d'une certaine façon en la rendant particulièrement hostile. C'est le domaine de la taïga, immense forêt boréale couverte de bouleaux, de peupliers trembles et de conifères résineux, qui fait progressivement place à la toundra, une zone sur laquelle le froid et les vents ne laissent pousser qu'une végétation rabougrie et torturée. C'est le nord de l'hémisphère nord. Immensité dépourvue d'horizon et désolation. Une terre de contrastes où le bref été est aussi chaud que l'interminable hiver est glacial. Une terre où surgissent de manière éphémère des couleurs éblouissantes au cours d'un curieux été indien que les Russes appellent l'« été des bonnes femmes », comparant avec une certaine cruauté ce spectacle aux derniers feux de la beauté féminine avant qu'elle ne se fane...

Sibir. Lorsque l'on entend son nom prononcé en russe, on sent presque le froid mordre. Et on ressent un frisson d'effroi. La Sibérie demeure dans la mémoire collective une terre de relégation. Une immense prison où les tsars ont envoyé vivre, ou plutôt tenter de survivre, les indésirables, tout comme le firent après eux les autorités soviétiques, ouvrant des camps de travaux forcés administrés par le goulag, un de ces acronymes que l'on a tant aimés au pays des Soviets, un nom qui s'est confondu

> **« Pas un arbre en vue, rien que la steppe
> sans limite, libre et magnifique. »**
> Nicolas Gogol

avec ces sinistres lieux de détention à ciel ouvert. La Sibérie, c'est aussi le domaine de quelque quarante ethnies autochtones, les « petits peuples », une dénomination qui s'applique aux groupes de moins de 50 000 individus. Sames, Nenets, Mansis, Ostyaks, Dolganes, Nganasans, Evènes, Tchouktches, Koriaks, Orotches… Des moins nombreux – environ 200 Enets – aux plus nombreux – 34 000 Evenks –, ils vivent éparpillés sur un territoire qui représente plus de la moitié de la superficie de la Fédération de Russie. Ils n'ont pas d'autres frontières que celles que la nature leur a données. Au nord, l'océan glacial Arctique, à l'est, le Pacifique. La plupart sont des nomades. Leur économie est traditionnellement fondée sur l'élevage, la chasse et la pêche. Au printemps, ils quittent la taïga où ils ont passé l'hiver et se mettent en route vers le nord, à la recherche de nouveaux pâturages pour leurs troupeaux de rennes. À l'automne, ils font le voyage dans le sens inverse, vers des températures qu'ils considèrent plus clémentes… Les grands cervidés

constituent le pilier autour duquel leur vie s'organise. Attelés aux traîneaux, ils leur fournissent une force motrice. Leur viande, crue ou fumée, constitue la nourriture de base. Leurs peaux servent à construire les tentes, à confectionner vêtements et chaussures. Une histoire qui s'écrit au passé composé. Pendant la période soviétique, ils ont souvent été sédentarisés, de gré ou de force. Leurs traditions ont été folklorisées, leurs croyances chamaniques combattues, leurs enfants ont été scolarisés dans des pensionnats où ils ont oublié leur langue maternelle. L'exploitation des ressources de leurs terres a contribué à la pollution des rivières et à la dégradation des zones habituelles de transhumance.

Michel Strogoff n'a rencontré que des Tartares. S'il était allé plus au nord, il aurait sans doute croisé la route de ces nomades. Peut-être des Nenets. Nul doute qu'ils l'auraient invité à prendre place sous la yarangue, sorte de yourte que dressent toujours les femmes. Aujourd'hui, il ne verrait que quelques poignées de résistants qui persistent à vivre comme leurs ancêtres et des militants qui se prennent à rêver de reconnaissance.

Castor, loup, renard, loutre, zibeline, ours… Les bêtes à poil ont fait la fortune des trappeurs de Russie et d'ailleurs. La fourrure de l'hermine, l'une des plus recherchées, est souvent qualifiée d'« or mou », ce qui en dit long sur sa valeur. Ce petit mammifère carnivore n'est pourtant pas rare. Il est capable de s'adapter à des milieux très différents (toundra, savane, taïga, landes, prairies…), à condition qu'ils lui offrent une nourriture suffisante et un couvert efficace contre ses prédateurs. L'hiver, son pelage uniformément blanc, à l'exception du bout de la queue qui reste noir, lui permet de passer inaperçu sur la neige. L'été, il devient brun chocolat sur les parties supérieures et blanchâtre sur les parties inférieures.

DOUBLE PAGE PRÉCÉDENTE
La vallée de la Kalguty et de l'Akkol, Altaï, Sibérie orientale.
À GAUCHE
Paysage de la répulique de Touva, Sibérie orientale.
À DROITE
Une hermine, habitante d'une réserve naturelle de la répulique de Kabardino-Balkarie, Caucase central.

Le Kamtchatka,
presqu'île isolée
aux confins de
l'Extrême-Orient russe,
est une véritable terre
de feu au milieu des glaces :
on y dénombre 120 volcans,
dont 28 encore en activité.
L'une des éruptions
les plus spectaculaires
de ces dernières années
a été celle du Tolbatchik,
lequel déversa ses flots
de cendres de manière
quasi ininterrompue
entre le 6 juillet 1975
et le 10 décembre 1976.
Les agences de voyages
organisatrices de treks
dans la région proposent
de tenter l'expérience
à tous ceux qui voudraient
marcher sur la Lune…

À GAUCHE
Le volcan Tolbatchik, Kamtchatka,
Sibérie orientale.
À DROITE
L'automne dans la taïga, république
autonome de Sakha, Sibérie orientale.
Une Evène de la région d'Esso, au cœur
du Kamtchatka, Sibérie orientale.
Elle ramasse des plantes qui, une fois
brûlées, parfumeront et assainiront
l'atmosphère de la yourte.

C'est au mois d'août
que les saumons
remontent les rivières
du Kamtchatka pour aller
se reproduire… et mourir.
La saison de la pêche est
ouverte entre les mois
de juin et de septembre,
mais les autochtones
préfèrent attendre la fin
de l'été pour faire
des provisions. Ils prennent
des saumons king, chum, pink
ou encore red, qu'ils fument
soigneusement pour
les consommer en hiver.
La concurrence est rude :
la pêche est la première activité
économique de la région.

À GAUCHE
Un troupeau de rennes, région d'Esso,
Kamtchatka, Sibérie orientale.
À DROITE
Un Evène occupé à fumer des saumons,
région d'Esso, Kamtchatka, Sibérie
orientale.

216

Les Nenets sont les fils
de Noum, dieu du ciel
et des grandes tempêtes.
Les « princes de la toundra »,
comme on les appelle
également, vivent aujourd'hui
sur les plus grands champs
pétrolifères du monde,
au nord-ouest de l'Arctique.
Leur mode de vie, qui suit
traditionnellement le rythme
des saisons, repose en grande
partie sur l'exploitation
des troupeaux de rennes.
Tous les membres de la tribu
ont une fonction, y compris
les enfants, qui, dès leur
plus jeune âge, participent
aux tâches collectives.
Mais chacun reste à sa place :
si les hommes et les femmes
échangeaient leurs travaux,
le malheur viendrait sans
doute à frapper !

À GAUCHE
Paysage de la caldera d'Uzon, région
d'Esso, Kamtchatka, Sibérie orientale.
À DROITE
Un jeune Nenet en costume traditionnel.

« Pour faire passer le temps, je récapitule les conseils
en tout genre qu'on m'a donnés en cas de rencontre avec l'ours :
Se transformer en tronc d'arbre, silencieux comme la souche.

Ne pas y penser.

Lui parler.

Ne rien dire.

Ne pas le regarder.

Le regarder sans crainte car il attaque ceux qui ont peur.

Frapper le sol avec son bâton.

Ne pas faire le moindre bruit.

Et ce dernier avis d'un bûcheron de Delgey :

"Essayer de ne pas en rencontrer". »

Sylvain Tesson, *L'Axe du loup. De la Sibérie à l'Inde sur les pas des évadés du Goulag*

Pauvre taïga, elle n'a pas besoin d'un tel pillage inorganisé ! On estime aujourd'hui que la moitié de l'exploitation forestière de la Sibérie serait illégale… Victime de surexploitation et de pluies acides, soumise à une croissance lente en raison du climat, la forêt boréale n'est pas au mieux de sa forme. La taïga russe reste malgré tout la plus grande forêt du monde, mais seulement 26 % de sa superficie, soit environ 289 millions d'hectares, est vierge.

À GAUCHE
Sapinettes d'Orient et sapins du Caucase, réserve naturelle de Teberdinsky, Caucase occidental.
À DROITE
Du bois pour une usine de baguettes, district autonome du Birobidjan, Sibérie orientale.

252

Le Caucase est une **région** dont les habitants ont la réputation d'être farouches et insoumis. Sans doute à l'image de la nature qui les entoure. Plusieurs réserves ont été créées pour protéger l'environnement de ces pays de montagnes. Pentes escarpées et crêtes effilées couronnées de neiges éternelles encadrent des lacs glaciaires dont les eaux prennent sous le soleil des teintes profondes et inattendues. Plus bas, les forêts de conifères comptent un hôte sous haute surveillance, le bison du Caucase, une espèce qui fut au bord de l'extinction dans les années 1920.

À GAUCHE
Tétras de Sibérie, région de l'Oussouri,
Sibérie orientale.
À DROITE
Un lac glaciaire dans la réserve naturelle
de Teberdinsky, Caucase occidental.

« Où êtes-vous aujourd'hui, sur quelles routes
marchez-vous ? Il y a maintenant beaucoup
de chemins nouveaux chez nous
dans la steppe, par tout le Kazakhstan
jusqu'à l'Altaï et la Sibérie ! Beaucoup de gens audacieux
travaillent là-bas. Peut-être, vous aussi, êtes-vous allés
dans ces pays ? Tu es partie, ma Djamilia, par la large steppe,
sans regarder en arrière. Peut-être es-tu lasse,
peut-être as-tu perdu la foi en toi ? Appuie-toi
à Danïiar. Qu'il te chante sa chanson sur l'amour,
la terre, la vie ! Que la steppe se mette à bouger
et à jouer de toutes ses couleurs ! Que tu te souviennes
de cette nuit d'août ! Va, Djamilia, ne te repens point,
tu as trouvé ton difficile bonheur ! »

Tchinguiz Aïtmatov, *Djamilia*

Le printemps est une promesse…

Lorsque l'hiver s'achève, la neige commence à fondre pour former des rubans d'eau qui abreuvent les vallées verdoyantes. Dans le Caucase, on dit que le printemps cède directement la place à l'automne. Les montagnes ne connaissent pas la sécheresse de l'été. Le vert ne ternit jamais. D'ailleurs, on parle de sept périodes de printemps qui s'échelonnent en cercles concentriques sur les flancs des montagnes selon l'altitude et l'exposition. Bétoines à grandes fleurs, primevères, rhododendrons, campanules, scabieuses, rynchophorus, draves, géraniums et autres plantes vivaces conjuguent leurs beautés dans le plus pimpant des spectacles.

À GAUCHE ET À DROITE
Explosion de couleurs dans le Caucase et dans l'Altaï, entre mai et juillet. Dessin sur céramique, Ukraine, XIXᵉ siècle.

Il arrive sur la pointe des pieds, presque sans prévenir. Un jour, il fait nettement plus frais, la nuit, la température est tombée en dessous de zéro. Le lendemain, la nature semble dévorée par un incendie. Le froid, en frappant brusquement, a provoqué une réaction des feuilles, qui ont pris des teintes flamboyantes, de l'ocre au rouge. C'est l'automne, bref et magnifique sous ces latitudes. Bientôt, il fera place à l'hiver, la plus longue et la plus cruelle des saisons.

À GAUCHE
Dans la réserve naturelle de Teberdinsky, Caucase occidental... L'automne dans la vallée de la Gonachkhir...
À DROITE
L'automne et dans la vallée du Boduki.

« Le communisme, c'est les soviets plus l'électricité » : du Lénine dans le texte ! Mission accomplie pour le raccordement électrique de beaucoup de coins les plus reculés de l'immense URSS. Des gros efforts restent à faire en ce qui concerne l'eau. Et nul n'est besoin d'aller au fin fond de la Sibérie pour ne pas trouver l'eau courante : dans un rayon de 250 kilomètres autour de la capitale, de nombreuses habitations ne sont pas équipées. L'eau se prend alors à la pompe et les toilettes sont au fond du jardin.

DOUBLE PAGE PRÉCÉDENTE
Le Nairamdal (4 374 mètres), dans l'Altaï, aux confins de la Russie, de la Chine et de la Mongolie.
À GAUCHE
Tâches ménagères chez les Nenets, Sibérie.
À DROITE
Un village dans l'Altaï, Sibérie orientale.

264

« Ils sont fous,
ces touristes ! »
C'est vraiment ce que
pensent les passagers forcés
du Transsibérien, ceux
qui n'ont d'autre choix
que de prendre le train pour
effectuer le parcours,
en partie ou dans sa totalité.
Qui pourrait donc avoir envie
de rester six jours enfermé
dans un wagon pour se rendre
de Moscou à Vladivostok ?
La vie à bord possède pourtant
un charme indéniable,
notamment celui de voir
le temps s'écouler…
Elle favorise les rencontres
inattendues
et les rapprochements
improbables. Une véritable
tranche d'intimité obligée.

À GAUCHE
Le Transsibérien à quai à Perm,
dans l'Oural.
Le conducteur du train, Vladivostok.
À Perm comme ailleurs, les voyageurs
peuvent acheter des provisions.
À DROITE
Kyzyl, capitale de la république de Touva,
Sibérie orientale.
La gare de Vladivostok, l'un
des terminus du Transsibérien.
La vallée du Kyzyl-Su, nord
de la république de Touva.
Le parc national Pribaikalsky, dans
la région du lac Baïkal, Sibérie orientale.
Un chameau dans la steppe,
sud de la république de Touva.
La gare de Iaroslavl à Moscou, point
de départ de la ligne du Transsibérien.
PHOTOGRAPHIES ANCIENNES
À GAUCHE Le Transmandchourien
à Harbin, 23 mars 1903. À DROITE Enfant
russe, début du XXe siècle.

**Nature préservée…
ou pas.** L'histoire de Choïna
est emblématique. Ce village
situé en bordure de la mer
Blanche, sur la péninsule
de Kanine, fut bâti dans
les années 1930 pour tirer
profit des ressources
maritimes locales. À son
apogée, une vingtaine
d'années plus tard, il comptait
1 500 habitants, une flotte
de 70 navires de pêche
et un sovkhoze des plus
prospères. Mal gérée,
la zone de pêche s'est épuisée,
tandis que les dommages
provoqués aux fonds marins
ont libéré du sable…
que les dommages causés
au permafrost n'ont pu
empêcher d'ensevelir
progressivement le village.
Il y reste aujourd'hui
300 habitants.

À GAUCHE
Formations rocheuses dans le parc
naturel de Lenskie Stolby (« colonnes
de la Lena »), république de Sakha,
Sibérie orientale.
À DROITE
Vue du village de Choïna, district
autonome des Iamalo-Nenets,
Sibérie occidentale.
DOUBLE PAGE SUIVANTE
En croisière sur la Volga.

Bibliographie

Page 20 Germaine de Staël, *Dix Années d'exil*, 1818.

Page 26 Alexandre Pouchkine (1799-1837), *Le Cavalier d'airain*, cité dans *Anthologie de la poésie russe*, éd. Katia Granoff, Gallimard, 1993.

Page 40 Ryszard Kapuscinski, *Imperium*, Plon, 1994.

Page 47 Youri Rytkhèou, *La Bible tchouktche ou Le Dernier Chaman d'Ouelen*, traduit par Yves Gauthier, Actes Sud, collection « Aventure », 2003.

Page 71 Michel Ossorguine, *Une rue à Moscou*, traduit par Léo Lack, L'Âge d'Homme, 1973.

Page 76 Ella Maillart, Parmi la jeunesse russe, Payot, 1995.

Page 95 Travis Holland, *Loubianka*, éd. Héloise d'Ormesson, 2006.

Page 119 Lou Andreas-Salomé, *En Russie avec Rilke*, 1900, Seuil, 1992.

Page 128 Andreï Makine, *Confession d'un porte-drapeau déchu*, Belfond, 1992.

Page 151 Vassili Golovanov, *Éloge des voyages insensés*, traduit par Hélène Châtelain, Verdier, collection « Slovo », 2008.

Page 156 Léon Tolstoï, *Guerre et Paix*, traduit par Henri Mongault, Gallimard, 1952.

Page 169 Thomas Stevens, *La Russie à cheval*, Payot, 1994.

Page 176 Ossip Mandelstam, « Tristia », in *Tristia et autres poèmes*, traduit par François Kérel Gallimard, 1982.

Page 190 Marina Tsvetaeva, *Vivre dans le feu. Confessions*, traduit par Nadine Dubourvieux, Robert Laffont, 2005.

Page 196 Anton Tchekhov, « La Cigale », in *Récits de 1892*, traduit par Édouard Parayre, Gallimard, collection « Pléiade », 1970.

Page 218 Colin Thurbon, *Les Russes*, traduit par Bernard Blanc, Payot, 1991.

Page 229 Victor d'Arlincourt, *Le Pèlerin. L'Étoile polaire*, in *Le voyage en Russie*, anthologie de Claude de Grève, Robert Laffont, collection « Bouquins », 1990.

Page 249 Sylvain Tesson, *L'Axe du loup. De la Sibérie à l'Inde sur les pas des évadés du Goulag*, Robert Laffont, 2004.

Page 254 Tchinguiz Aïtmatov, *Djamilia*, traduit par A. Dimitrieva et Louis Aragon, Denoël, 2001.

ISLANDE

Kalaallit Nunaat
(Groenland, DANEMARK)

Océan Glacial Arctique

Alaska
(ÉTATS-UNIS)

Détroit de Béring

Pôle Nord

Spitzberg

Mer de Sibérie
orientale

Mer
de Béring

Mer
de Norvège

NORVÈGE

SUÈDE

Nouvelle-
Zemble

Mer
de Barents

Mer
des Laptev

Kolyma

Mourmansk

FINLANDE

Mer
de Kara

Tiksi

Kamtchatka

Anadyr

Mer
Baltique

Lac
Ladoga

Mer
Blanche

Lac
Onega

Arkhangelsk

Dikson

Magadan

Petropavlovsk-
Kamtchatski

Kaliningrad

EE

Vorkouta

Doudinka

Norilsk

Iakoutsk

LV

Saint-Pétersbourg

Lena

Mer
d'Okhotsk

LT

Pskov

Novgorod

Salekhard

Cercle polaire arctique

Archipel
des Kouriles

BY

Vologda

Syktyvkar

Toura

SIBÉRIE

Sakhaline

Smolensk

Iaroslavl

Moscou

Oka

Nijni-Novgorod

Ob

Sourgout

Ienisseï

Amour

Birobidjan

Khabarovsk

Briansk

Kazan

Perm

Iekaterinbourg

 Oural

Tomsk

Bratsk

Lac
Baikal

Blagovechtchensk

Voronej

Kama

Oufa

Tioumen

Krasnoïarsk

Tchita

UKRAINE

Saratov

Samara

Volga

Tcheliabinsk

Novossibirsk

Vladivostok

Rostov-
sur-le-Don

Volgograd

Orenbourg

Omsk

Irkoutsk

Oulan-Oude

Mer du Japon
(Mer de l'Est)

Krasnodar

Astrakhan

Mer
d'Aral

KAZAKHSTAN

MONGOLIE

CORÉE
DU NORD

JAPON

Sotchi

GE

Groznyï

Mer
Caspienne

AM

AZ

Mer
Noire

CORÉE
DU SUD

OUZBÉKISTAN

CHINE

IRAN

TURKMÉNISTAN

KIRGHIZSTAN

TADJIKISTAN

AFGHANISTAN

Océan
Pacifique

AM : ARMÉNIE
AZ : AZERBAÏDJAN
BY : BIÉLORUSSIE
EE : ESTONIE
GE : GÉORGIE
LT : LITUANIE
LV : LETTONIE

PAKISTAN

INDE

NÉPAL

BHOUTAN

MYANMAR
(BIRMANIE)

TAÏWAN

0 200 400 600 800 1 000 km

Illustrations graphiques des double pages d'ouverture des chapitres

Dans tous les pays slave, « l'art de l'œuf écrit » – la *pysanka* ou les *pysanky* – est le résultat d'une longue tradition populaire. À l'origine, les *pysanky* n'avaient que trois couleurs : le blanc, le marron et le noir. On les appelait les *trypillian*. Les dessins reflétaient la faune et la flore environnante. Au fil des années, le panel des couleurs s'est diversifié et les motifs sont devenus plus recherchés et plus symboliques.
Les motifs sont tracés à l'aide d'un stylet à pointe creuse déposant de la cire d'abeille sur un œuf préalablement vidé. Puis l'œuf est trempé dans un ou plusieurs bains de teinture à froid. La cire d'abeille, qui a préservé le tracé des dessins en réserve, est ensuite retirée après avoir été chauffée à l'aide d'une bougie.
Décorés à l'occasion d'une naissance, de fiançailles ou d'un mariage, les *pysanky* sont une façon de souhaiter bonheur et prospérité à celui qui les reçoit.

Crédits photographiques

© Agnès Boutteville
P. 10-11, P. 15, P. 25 GAUCHE, P. 28 HAUT CENTRE, P. 28 MILIEU DROITE, P. 28 BAS CENTRE, P. 29 HAUT, P. 29 MILIEU, P. 49 DROITE, P. 51 HAUT GAUCHE, P. 51HAUT CENTRE, P. 51 HAUT DROITE, P. 51 MILIEU GAUCHE, P. 51 MILIEU DROITE, P. 51 BAS GAUCHE, P. 51 BAS CENTRE, P. 52, P. 53, P. 56, P. 57, P. 64 HAUT GAUCHE, P. 64 HAUT DROITE, P. 65 HAUT GAUCHE, P. 65 HAUT DROITE, P. 65 BAS GAUCHE, P. 65 BAS CENTRE, P. 65 MILIEU DROITE, P. 65 BAS DROITE, P. 74 CENTRE, P. 74 MILIEU DROITE, P. 74 BAS GAUCHE, P. 74 BAS DROITE, P. 75, P. 93, P. 100 HAUT DROITE, P. 100 BAS MILIEU, P. 109, P. 116, P. 120 MILIEU GAUCHE, P. 120 MILIEU DROITE, P. 120 BAS CENTRE GAUCHE, P. 120 BAS CENTRE DROITE, P.120 BAS DROITE, P. 132, P. 140, P. 141 DROITE, P. 142 HAUT CENTRE, P. 142 CENTRE, P. 142 BAS GAUCHE, P. 142 BAS CENTRE, P. 142 BAS DROITE, P. 143 HAUT, P. 143 MILIEU, P. 143 BAS, P. 148 HAUT, P. 148 MILIEU, P. 148 BAS, P. 154, P. 155, P. 164-165, P. 166, P. 167, P. 168, P. 172 BAS GAUCHE, P. 178 HAUT CENTRE GAUCHE, P. 178 HAUT DROITE, P. 178 MILIEU GAUCHE, P. 178 MILIEU DROITE, P. 178 BAS CENTRE DROITE, P. 178 BAS DROITE, P. 179 HAUT, P. 179 MILIEU, P. 179 BAS, P. 192 HAUT, P. 193 MILIEU DROITE, P. 200, P. 201, P. 212-213, P. 215 GAUCHE, P. 215 DROITE, P. 217, P. 220, P. 222 HAUT DROITE, P. 222 BAS CENTRE, P. 223, P. 226, P. 227, P. 230 HAUT GAUCHE, P. 230 HAUT CENTRE, P. 230 MILIEU DROITE, P. 230 BAS GAUCHE, P. 230 BAS DROITE, P. 231 HAUT, P. 231 MILIEU, P. 231 BAS, P. 232, P. 233 GAUCHE, P. 233 DROITE, P. 265 MILIEU GAUCHE, P. 265 MILIEU DROITE, P. 265 BAS GAUCHE, P. 266, P. 268-269.

© Agence ASK Images
APPELT M. / ANZENBERGER : p. 19, p. 48, p. 90 milieu gauche droite, p. 91 haut, p. 101 bas, p. 149 haut gauche, p. 149 milieu gauche, p. 149 bas gauche, p. 224-225, p. 251 | DE GRANCY CHRISTINE / ANZENBERGER : p. 124 | DOUMIC E. : p. 178 haut centre droite | EDWIGE NICOLAS : p. 17 gauche, p. 17 droite, p. 22 haut droite, p. 24, p. 27, p. 29 bas, p. 72, p. 90 haut gauche, p. 90 haut centre, p. 94, p. 101 haut, p. 108, p. 138-139, p. 203, p. 214 | FROLOVA-TRUFANOVA E. / FOCUSPICTURES : p. 64 bas droite | GIACCONE FAUSTO / ANZENBERGER : p. 13, p. 16, p. 22 bas gauche, p. 25 droite, p. 100 bas gauche, p. 173 bas, p. 180, p. 181 gauche | GOLUBTSOV A. / FOCUSPICTURES : p. 44-45, p. 46, p. 106-107, p. 126 milieu droite, p. 126 bas droite, p. 193 haut droite, p.247, p. 255, p. 262, p. 267 | KOROBKOVA M. / FOCUSPICTURES : p. 68, p. 126 bas gauche, p. 131 | KOTOVA TATIANA / FOCUSPICTURES : p. 133 | LABRUNIE S. : p. 171 | MIKHAILOV K. / FOCUSPICTURES : p. 27 gauche, p. 28 haut droite, p. 36, p. 38, p. 39, p. 41, p. 42 haut gauche, p. 42 haut centre, p. 42 haut droite, p. 42 bas gauche, p. 42 milieu centre, p. 42 bas droite, p. 42 bas gauche, p. 43 haut, p. 43 milieu, p. 43 bas, p. 120 milieu centre droite, p. 120 bas gauche, p. 173 milieu, p. 178 milieu centre gauche, p. 186-187, p. 188, p. 193 haut gauche, p. 193 milieu gauche, p. 193 bas gauche, p. 193 bas droite, p. 194, p. 195 gauche, p. 195 droite, p. 196, p. 238-239, p. 240, p. 241, p. 243 gauche, p. 248, p. 250, p. 253, p. 256 haut gauche, p. 256 haut centre gauche, p. 256 haut centre, p. 256 haut centre droite, p. 256 haut droite, p. 256 bas gauche, p. 256 milieu centre gauche, p. 256 milieu droite, p. 256 bas centre, p. 256 bas droite, p. 257, p. 258 gauche, p. 258 droite, p. 259, p. 260-261, p. 263, p. 265 haut gauche | NESTEROV E. / FOCUSPICTURES : p. 50 bas, p. 88, p. 159 | PADVA IRINA / FOCUSPICTURES.RU : p. 81, p. 126 milieu gauche | PETROSYAN A. / FOCUSPICTURES : p. 14, p. 20, p. 22 bas droite, p. 28 bas droite, p. 37, p. 49 gauche, p. 51 bas droite, p. 55, p. 64 milieu gauche, p. 64 bas gauche, p. 70, p. 73, p. 78-79, p. 80, p. 86-87, p. 90 bas gauche, p. 90 bas centre, p. 97, p. 98, p. 99, p. 100 haut gauche, p. 100 milieu gauche, p. 101 centre, p. 105, p. 142 haut droite, p. 142 milieu gauche, p. 144, p. 145, p. 146, p. 147, p. 150, p. 152-153, p. 158, p. 178 haut gauche, p. 202, p. 206 | PINAR FATIH / ANZENBERGER : p. 125 | POGONCEV V. / FOCUSPICTURES : p. 207 | PRIMAK IGOR / FOCUSPICTURES.RU : p. 117, p. 120 haut centre gauche, p. 121, p. 122-123, p. 127 haut, p. 127 bas, p. 129 | RAITMAN V. / FOCUSPICTURES : p. 178 bas centre gauche | SAMPERS ERIK : p. 242, p. 243 droite, p. 244, p. 245, p. 246 | SCHMID GREGOR M. / ANZENBERGER : p. 18, p. 114-115, p. 222 milieu droite, p. 264 haut, p. 264 milieu, p. 265 haut droite, p. 265 bas droite | SHEMLAEV / FOCUSPICTURES : p. 91 bas | SHER M. / ANZENBERGER : p. 74 haut gauche, p. 74 haut droite, p. 77, p. 157 | SHIBNEV Y. / FOCUSPICTURES : p. 34-35, p. 120 haut droite, p. 193 bas centre, p. 252 | SHPILENOK IGOR / FOCUSPICTURES : p. 120 haut gauche | SHUSTOVA I. / FOCUSPICTURES : p. 219 | SINGER F. / ANZENBERGER : p. 89, p. 96, p. 103, p. 104, p. 141 gauche, p. 149 haut droite, p. 149 bas droite, p. 189 | STOMAKHIN I. / FOCUSPICTURES : p. 54, p. 62-63, p. 172 haut gauche, p. 172 bas droite, p. 193 haut centre, p. 198-199 | TESAREK HEINZ S. / ANZENBERGER : p. 50 haut, p. 264 bas | VORONIN S. / FOCUSPICTURES : p. 50 milieu, p. 66, p. 67, p. 69, p. 126 haut gauche, p. 126 haut centre, p. 126 haut droite, p. 127 milieu, p. 130, p. 170, p. 172 haut droite, p. 174-175, p. 181 droite, p. 204 haut gauche, p. 204 haut centre, p. 204 haut droite, p. 204 milieu gauche, p. 204 bas gauche, p. 204 bas droite, p. 216, p. 222 gauche, p. 222 bas droite.

© Corbis
SWIM INK 2, LLC : p. 92, p. 100 bas droite.

© Dover Publications
P. 28 MILIEU CENTRE, P. 64 MILIEU DROITE, P. 90 MILIEU DROITE, P. 126 BAS CENTRE, P. 142 MILIEU DROITE, P. 178 MILIEU DROITE, P. 204 MILIEU DROITE, P. 230 MILIEU DROITE, P. 256 MILIEU CENTRE DROITE.

© Istockphoto
DANZINGER CHAIM : P. 173 HAUT | FIRINA : P. 120 OBJET | KOKHANCHIKOV MIKHAIL : P. 196 OBJET | KUDELYA GENNADY : P. 172 MILIEU GAUCHE | LOGINOVA ELENA : P. 222 HAUT CENTRE | MARTYNCHUK SASHA : P. 172 HAUT CENTRE, 172 BAS CENTRE | POGOSOV MIKHAIL : P. 90 BAS DROITE | PYASTOLOVA NADEZDA : P. 74 OBJET | SOLODOVNIKOVA ELENA : P. 51 OBJET | WILLIAMS MARISA ALLEGRA : P. 90 HAUT DROITE.

© Photothèque Hachette
P. 12, P. 22 HAUT GAUCHE, P. 22 MILIEU DROITE, P. 23 MILIEU, P. 23 BAS, P. 51 À GAUCHE SUR PARCHEMIN, P. 74 À DROITE SUR PARCHEMIN, P. 102, P. 120 À GAUCHE SUR PARCHEMIN, P. 172 MILIEU DROITE, P. 192 BAS (BNF, ESTAMPES, PARIS, PHOTO CABRICK), P. 205 (BNF, ESTAMPES, PARIS), P. 221 (BNF, ESTAMPES, PARIS), P. 222 À DROITE SUR PARCHEMIN (BNF, ESTAMPES, PARIS, PHOTO CABRICK), P. 265 À DROITE SUR PARCHEMIN.

© Vérascopes Richard – Photothèque Hachette
BERTRAND : P. 22 À GAUCHE SUR PARCHEMIN | CARTERON : P. 51 À DROITE SUR PARCHEMIN, P. 172 À GAUCHE SUR PARCHEMIN | CHABERT : P. 193 À DROITE SUR PARCHEMIN | CONTAIN : P. 172 À DROITE SUR PARCHEMIN | MOREAU : P. 120 À DROITE SUR PARCHEMIN, P. 149 À GAUCHE SUR PARCHEMIN, P. 222 À GAUCHE SUR PARCHEMIN | POPLENSKY : P. 74 À GAUCHE SUR PARCHEMIN, P. 228 | PRISETTE : P. 23 HAUT, P. 100 À GAUCHE ET À DROITE SUR PARCHEMIN, P. 118 À DROITE SUR PARCHEMIN, P. 230 BAS CENTRE | TUROT : P. 193 À GAUCHE SUR PARCHEMIN | D.R. : P. 22 À DROITE SUR PARCHEMIN, P. 149 À DROITE SUR PARCHEMIN, P. 177, P. 191.

Illustrations des pages d'ouverture de chapitre
© Béatrice Giffo.

Responsable éditoriale Odile Perrard
Suivi éditorial Cécile Beaucourt
Directrice artistique Nancy Dorking
Création graphique et réalisation Anne-Marie Bourgeois
assistée de Ilanit Illouz
Cartographie Cyrille Suss
Relecture-correction Dominique Montembault
Photothèque Hachette Sylvie Gabriel
Fabrication Amandine Sevestre

Imprimé en Chine par SNP Leefung, à Hong Kong
Photogravure intérieure Reproscan
Photogravure couverture APS Chromostyle
Dépôt légal octobre 2008
ISBN 978-2-84277-909-2
34/2071/8 - 01